Luise Wolfram

Unter dem hohen ostpreußischen Himmel

Luise Wolfram

Unter dem hohen ostpreußischen Himmel

Begegnungen in Königsberg-Kaliningrad

BRUNNEN
VERLAG GIESSEN · BASEL

Die Landkarte auf Seite 8/9 aus:
Anatolij Bachtin / Gerhard Doliesen,
Vergessene Kultur, Kirchen in Nord-Ostpreußen.
Husum Druck- und Verlagsgesellschaft.

www.brunnen-verlag.de
Lektorat: Eva-Maria Busch
Foto Seite 39: Harald Schmitt/Picture Press
Alle übrigen Fotos: privat
Umschlagmotive: Klaus Ender, Bergen auf Rügen; privat
Umschlaggestaltung: Ralf Simon
Satz: DTP Brunnen
Herstellung: Ebner und Spiegel, Ulm
ISBN 978-3-7655-3932-9

Inhalt

Anhang

Anmerkungen

Bei den Ortsnamen wird zuerst der heute gültige russische genannt, dann der frühere deutsche Name: z.B. Swetlogorsk/Rauschen

Einige Personen erhielten auf eigenen Wunsch ein Pseudonym.

Über die Internetseite *www.stoerche-ohne-grenzen.de* können Sie Kurzinformationen zum nördlichen Ostpreußen erhalten und über den Link »Kontakt« Verbindung zu der Autorin aufnehmen.

Königsberger Gebiet
(Oblast Kaliningrad)
Grenze des Königsberger Gebiets
frühere Grenzen Ostpreußens
Kreisgrenzen bis 1939
Kreisstädte
sonstige Kirchorte
Ostsee
Kurisches Haff
Frisches Haff
Polen
Schwarzort
Nidden
Rossitten
Sarkau
Cranz
Gr. Kuhren
Rauschen
St. Lorenz
Heiligenkreutz
Pobethen
Laptau
Powunden
Postnicken
Schaaken
Rudau
Palmnicken
Germau
Thierenberg
Kumehnen
Königsberg-Land
Gr. Legitten
Kaymen (Kaimen)
Neuhausen
Quednau
Schönwalde
Medenau
Wargen
Tannenwalde
Fischhausen
Metgethen
Königsberg
Lochstädt
Zimmerbude
Großheidekrug
Arnau
Neuendorf
Heiligenwalde
Kremitten
Haffstrom
Steinbeck
Seligenfeld
Löwenhagen
Ludwigswalde
Pillau
Lichtenhagen
Borchersdorf
Gr. Ottenhagen
Brandenburg
Mahnsfeld
Starkenberg
Tharau
Pörschken
Balga
Ludwigsort
Jesau
Uderwangen
Abschwangen
Bladiau
Kreuzburg
Mühlhausen
Almenhausen
Heiligenbeil
Dollstädt
Stockheim
Friedland
Alt Passarge
Zinten
Hermsdorf
Grunau
Dt. Thierau
Stablack
Schmoditten
Georgenau
Waltersdorf
Domnau
Braunsberg
Eisenberg
Pellen
Kl. Dexen
Pr. Eylau
Dt. Wilten
Tiefensee
Schönbruch
Lindenau
Frauenburg
Hohenfürst
Tolkemit
Canditten
Buchholz
Klingenberg
Schalmey
Eichholz
Landsberg
Tolksdorf
Borken
Schippenbeil
Plauten
Mehlsack
Gr. Peisten
Hanshagen
Albrechtsdorf
Bartenstein
Ebersbach
Mühlhausen
Langwalde
Neumark
Lauck
Petershagen
Falkenau
Lichtenau

Litauen
Kinten
Ruß
Schakuhnen
(Schakendorf)
Karkeln
Kaukehmen
(Kuckerneese)
Skören
(Elch-) Niederung
Pokraken
(Weidenau)
Alt Lappienen
(Rauterskirch)
Neukirch
Tilsit
Seckenburg
Heinrichswalde
Ragnit
Gr. Lenkeningken
(Großlenkenau)
Trappönen
(Trappen)
Wedereitischken
(Sandkirchen)
Neu Argeningken
(Argenbrück)
Gr. Friedrichsdorf
Tilsit - Ragnit
Lasdehnen
(Haselberg)
Lauknen
(Hohenbruch)
Jurgaitschen
(Königskirch)
Budwethen
(Altenkirch)
Schillehnen
(Schillfelde)
Alt Sussemilken
(Friedrichsrode)
Gr. Skaisgirren
(Kreuzingen)
Gowarten
Schillen
Lengwethen
(Hohensalzburg)
Rautenberg
Mehlauken
(Liebenfelde)
Groß Schorellen
(Adlerswalde)
Gr. Baum
Kraupischken
(Breitenstein)
Aulowönen
(Aulenbach)
Pillkallen
(Schloßberg)
Willuhnen
Schirwindt
Popelken
(Markthausen)
Budupönen
(Grünheide)
Kussen
Neunischken
(Neunassau)
Pelleningken
(Strigengrund)
Mallwischken
(Mallwen)
Gr. Warningken
(Steinkirch)
Gr. Schirrau
Gr. Berschkallen
(Birken)
Kattenau
Bilderweitschen
(Bilderweiten)
Niebudschen
(Herzogskirch)
Plibischken
Saalau
Georgenburg
Gerwischkehmen
(Gerwen)
Stallupönen
(Ebenrode)
Eydtkuhnen
(Eydtkau)
Insterburg
Gumbinnen
Schirgupönen
(Amtshagen)
Göritten
Puschdorf
Norkitten
Ischdaggen
(Branden)
Judtschen
(Kanthausen)
Enzuhnen
(Rodebach)
Obehlischken
(Schulzenhof)
Didlacken
(Dittlacken)
Nemmersdorf
Soginten
Sodehnen
Walterkehmen
(Gr. Waltersdorf)
Kassuben
Pillupönen
(Schloßbach)
Jodlauken
(Schwalbental)
Tollmingkehmen
(Tollmingen)
Muldszen
(Mulden)
Ballethen
Trempen
Darkehmen
(Angerapp)
Wilhelmsberg
Mehlkehmen
(Birkenmühle)
Klein Gnie
Gawaiten
(Herzogsrode)
Gr. Rominten
(Hardteck)
Gr. Karpowen
(Karpauen)
Kleschowen
(Kleschauen)
Gerdauen
Nordenburg
Schittkehmen
(Wehrkirchen)
Momehnen
Assaunen
Molteinen
Eibenburg
Gr. Schabienen
(Lautersee)
Goldap
Dubeningken
(Dubeningen)
Kanitz
Gahlen
Buddern
Gurnen
Engelstein
Benkheim
Grabowen
(Arnswald)
Barten
Drengfurth
Angerburg
Gr. Wolfsdorf
Kutten
Merunen

Zu diesem Buch

Unsere Wege kreuzten sich in Kaliningrad. Das Leben selbst stellte die Weichen – zur Fahrt ins Ungewisse, sogar ins Tragische, aber auch ins Erfreuliche, Befreiende, Erfolgreiche. Wer (wie ich selbst) den Namen »Kaliningrad« am liebsten abgeschafft sähe, sollte wissen, dass es die geschilderten Begegnungen ohne Kaliningrad überhaupt nicht gegeben hätte.

1946 steht das junge Kaliningrad zunächst ruiniert da – in den Trümmern der alten Stadt Königsberg: von Menschen fast entleert, dann als Kriegsbeute hochgradig militarisiert, in der Folge hermetisch abgeriegelt, Zug um Zug und teils unter Zwang neu besiedelt, kommunistisch gesteuert bis 1991.

Nach dem Niedergang der UdSSR öffnen sich zögernd die eisernen Tore: Unsichere und Selbstbewusste stehen sich gegenüber, Neugierige treffen auf Eingeschlossene, Suchende auf Ablehnende, Geschäftstüchtige stoßen auf Ahnungslose. Hilflose geraten an Verführende, Ankommende finden Aufnahme, Helfende erreichen Verzweifelte, Gläubige und Ungläubige begegnen sich.

Unsere Wege kreuzten sich vielleicht nur einmal, aber mit vielen auch mehrmals oder sogar regelmäßig. Menschen verschiedenster Herkunft suchten in dieser fremden Umgebung direkt den Kontakt zu uns in der evangelischen Kirche, baten um Hilfe und Geborgenheit in der Gemeinde. Manches Treffen hat sich eher zufällig ergeben oder sollte eigentlich gar nicht stattfinden.

Angesichts unserer vielen Kontakte in Kaliningrad und seinem Umland ist die Auswahl der Portraits und Berichte eher spontan, willkürlich und subjektiv. Wer auch gern »vorgekommen« wäre, möge mir verzeihen und vielleicht seine eigene Geschichte und sein persönliches Engagement im nördlichen Ostpreußen trotzdem in den dargestellten Begegnungen ähnlich bestätigt sehen.

Mein Dank gilt den in den Kapiteln genannten Personen für ihre Zustimmung zu vielen biografischen Einzelheiten. Jede Begegnung zwischen Menschen bleibt zwangsläufig oberflächlich und punktuell, wenn nicht die Persönlichkeit des Gegenübers ein wenig zum Vorschein kommen kann in ihrem Werdegang, ihren Wünschen und Ansprüchen an ein sinnerfülltes Leben.

Hannover, im August 2006
Luise Wolfram

Treffpunkt Südbahnhof

»Juschnij Woksal«, so heißt der Südbahnhof heute auf Russisch. Es ist der Hauptbahnhof Kaliningrads und des zugehörigen Verwaltungsgebiets »Kaliningradskaja Oblast«. Der allerletzte Bahnsteig belebt sich nur zweimal am Tag. Gegen 17 Uhr steht hier alles im Zeichen von Abschiednehmen, wenn der Zug nach Berlin die Fahrt in eine andere Welt aufnimmt. Mittags dagegen sieht man die Menschen in gespannter Erwartung.

Wer zwischen 13 und 14 Uhr die Stufen zum Gleis 6 heraufsteigt, wird sofort in die freudige Stimmung mit hineingenommen. Jeder kommt nur zum Abholen von Gästen, denn der Zug endet hier. Der eine trägt ein paar rote Rosen in glitzerndem Papier; Kinder hüpfen erwartungsvoll von einem Bein aufs andere. Die meisten wandern ständig auf und ab, verlassen die große Halle, als wollten sie auf dem Außenbahnsteig dem Zug entgegengehen. Der ungeduldige Blick zur Armbanduhr zeigt, wie lästig das lange Warten ist. Zwei junge Damen kommen munter schwätzend die Treppen herauf. Am Kostümkragen stecken ihre breiten Namensschilder, denn sie sind russische Reiseleiterinnen und sollen je eine kleine Reisegruppe »übernehmen«. Wir kennen uns schon länger durch manches Gruppentreffen in der Auferstehungskirche und begrüßen uns herzlich. Gemeinsam warten ist leichter.

Das Gleis 6 ist das einzige in diesem Bahnhof, das nicht die russische Breitspur, sondern die in Europa übliche schmalere Variante hat. Nach der Wende hat man sie hier wieder eingerichtet, als Zugeständnis in Richtung der westlichen Länder. Jeder unter den Wartenden weiß, dass sich die Reisenden an der polnisch-russischen Grenzstation Mamonowo/Heiligenbeil einer strengen Kontrolle unterziehen müssen. Werden dort »dicke Fische« gefunden, verzögert sich die Abfahrt entsprechend. Man sieht das nicht so eng: An der Endstation Kaliningrad werden die Leute schon weiter geduldig warten. Unvermittelt kündigt der Lautsprecher an, dass der Zug gleich eintreffen werde, 35 Minuten später als geplant.

Und nun kommt endlich die Diesellokomotive in Sicht, sie zieht ihre zwei bis drei Waggons dermaßen langsam in den Bahnhof hinein, als liege sie selbst »in den letzten Zügen«. »Der Zug endet hier! Alles aussteigen!«, so die russische Ansage. Das hören alle mit Erleichterung, denn niemand möchte in diesem Zug sitzen bleiben. Wer von Berlin anreist, hat für die 600 Kilometer immerhin rund 16 Stunden gebraucht. Für die meisten Reisenden ist es nötig und wohltuend, dass sie abgeholt werden. Zu fremd ist diese kyrillisch dominierte Welt, auch für Leute, die hier schon vor dem Krieg zu Hause waren.

Aber der Empfang hat ein freundlicheres Gesicht bekommen. Blumen werden zur Begrüßung überreicht, herzliche Umarmungen hier und da. Offenbar kennen sich viele schon länger und freuen sich über das Wiedersehen. Bei ihnen scheint es keine Sprachbarriere zu geben.

In der düsteren Unterführung verschwinden die winzigen Verkaufsbuden allmählich. Anstelle des alten viereckigen »Verkaufsfensterchens«, so groß wie ein DIN-A-4-Blatt, gibt es nun einen offenen, kundenfreundlichen Tresen. Das Warenangebot ist erstaunlich gewachsen.

Wenn man die zentrale Bahnhofshalle betritt, gibt es viel zu staunen: Wo in den 90er-Jahren ein hässlicher grauer Betonfußboden mit zahlreichen Stolperstellen lag, wo primitive Stecktafeln mit handschriftlichen Buchstaben über Ankunft und Abfahrt informierten, da glänzt jetzt ein künstlerisch verlegter Marmorboden, und die Infotafeln haben mit elektronischen Angaben europäisches Format bekommen. Wo an der Decke jahrelang eine trübe Funzelbeleuchtung ausreichte, da prangt jetzt in der Raummitte ein üppiger Lüster. Die wackeligen, zugigen Schwingtüren zum Bahnhofsvorplatz wurden durch solide, gut schließende Eichenholztüren ersetzt. Ein luxuriöses Foyer ist entstanden, in dem sogar schon ein Laufsteg für Mannequins einer Modenschau aufgebaut war. Ja, der Bahnhof ist die Visitenkarte einer Stadt. Draußen neben dem Haupteingang hocken nach wie vor alte Rentnerinnen und bieten aus dem Warmhaltetopf die traditionellen Teigtaschen »Pelmeni« oder kleine Eierkuchen »Blini« an.

Wer die Entwicklung seit der Wende verfolgt hat, sagt heute beim Durchfahren der großen Hauptstraßen: »Kaliningrad boomt!« Teure Pelz- und Kosmetikgeschäfte, Modeboutiquen mit glitzernden Fassaden. Der Leninskij-Prospekt wird Zug um Zug zur Flaniermeile. Der frühere gewundene Steindamm, der unter dieser neuen breiten Trasse verlief, ist längst überbaut und zu einer Kulturschicht der Vorkriegszeit geworden. Die Gegenwart nimmt davon aber kaum oder gar keine Notiz, denn sie ist oberflächlich, stets eilig und gewinnorientiert.

Die Vorbereitung auf die 750-Jahr-Feier hat der Stadt viele auffällige Veränderungen gebracht. Sogar die hässliche Bauruine des »Dom Sowjetow« (Haus der Räte) wurde mit einem Hauch frischer Farbe überzogen. Luxusvillen in bester Wohnlage an See- und Flussufern schießen aus dem Boden, auch wenn allein das Grundstück bis zu 1000 Euro pro Quadratmeter kostet. Die Nachfrage regelt das Angebot; es gibt eben Leute, die solche Preise zahlen können. Sie verkehren in der Stadt aber nicht zu Fuß oder mit öffentlichen Verkehrsmitteln, sondern sitzen in ihren Luxuslimousinen im Schutz getönter Scheiben.

Vor dem Krieg war Königsberg die östlichste Großstadt

Deutschlands. Vom Bahnhofsvorplatz aus sah man direkt auf ein Wahrzeichen der Stadt, die hohe Haberberger Kirche. Von ihr blieben nur Trümmer übrig. An ihrer Stelle steht heute ein Kino-Kulturpalast. Der Hang des alten Kirchenhügels ist heute mit mehrstöckigen Wohnblocks aus sowjetischer Zeit dicht bebaut. Riesengroße kyrillische Buchstaben prangen auf dem Rand des Flachdachs: »Kaliningrad und die Bernsteinregion grüßen Sie!« Das liest und hört der Reisende gern. Vielleicht hat er gehört, dass an dieser Küste 90 Prozent der Weltvorkommen an Bernstein liegen. Aber er weiß wohl kaum, dass das staatliche Bernsteinkombinat in Jantarnij/ Palmnicken wegen seiner maroden Maschinen die Förderung Ende 2005 vorerst einstellen musste.

Der »Heimwehtourist« sucht lange und oft vergeblich nach *seinem* Königsberg. Aber trotz Kriegszerstörung und Überbauung wird er noch manches vom Charme der alten Stadt wiederfinden, wenn er nur den alten und neuen Stadtplan übereinanderlegt und sich hineinvertieft. Dann setzen sich draußen seine Füße wie von selbst in Bewegung.

Scharen von privaten Taxifahrern bieten im Bahnhofsareal fast aufdringlich ihre Dienste an. Der ahnungslose Reisende fällt allzu leicht auf überhöhte Kosten herein, wenn er nicht vorab den Preis aushandeln konnte. Viel lieber als mit ein paar hundert Rubeln lässt sich der Chauffeur natürlich in Dollar oder Euro bezahlen.

Die Straßenbahn hält direkt vor dem Haupteingang des Bahnhofs, ohnehin besitzt die Stadt heute ein gut ausgebautes öffentliches Verkehrsnetz. Dass auch ein fremder Gast sich allein zurechtfinden möchte, ist erst seit den 750-Jahr-Feiern aufgefallen. Neue Fahrtrichtungsangaben und Streckenkarten sollen dabei helfen. Viele Busse und Bahnen fahren im Abstand weniger Minuten, deshalb braucht man keine

Die Stadt Kaliningrad und ihr Königsberger Dom auf der Kneiphof-Insel haben sich zum 750. Stadtjubiläum herausgeputzt

genauen Fahrpläne. Sie würden einem auch nicht viel nützen, da die Straßen inzwischen von vielen Privatfahrzeugen verstopft sind. Wo viele Leute wartend herumstehen, darf man eine Haltestelle vermuten. Wenn der Verkehr zum Erliegen kommt oder das Portemonnaie zu schmal ist, scheuen die Menschen auch vor längeren Fußmärschen nicht zurück.

Kaliningrad erwacht für den Tourismus und macht sein Zentrum schön mit antiken Kandelabern als Straßenbeleuchtung und gepflegten Blumenrabatten. Auf neuen Sitzbänken kann man sich hier und da ausruhen. Häuser werden frisch gestrichen, zumindest an der Vorderseite, Gleisanlagen werden saniert, Schlaglöcher beseitigt. Die Route, auf der im Juli 2005

Staatspräsident Putin mit seinen prominenten Gästen Schröder und Chirac zur 750-Jahr-Feier in die Stadt einrollte, ist besonders fein herausgeputzt. Neue Stadtpläne sind erhältlich, Kioske und Buchläden bieten eine Fülle qualitativ guter Ansichtskarten an. Wer auf deutsch oder englisch nach dem Weg fragt, muss es nicht mehr ängstlich hinter vorgehaltener Hand tun. Man bekommt jetzt meist brauchbare Antworten statt des früheren abweisenden »Nje snaju« (Weiß ich nicht). Jedes Kind kann Auskunft geben, wo die Denkmäler von Kant, Schiller, Leonow und Kalinin zu finden sind.

Schon schwieriger ist es, wenn man Lenin wiedertreffen will. Im Frühjahr 2005 musste er seinen langjährigen Standort zwischen dem städtischen Rathaus und der neuen orthodoxen Kathedrale verlassen. Die Stadt schickte ihn zur »Generalüberholung« und will ihm dann einen neuen Platz zuweisen: neben der frisch getünchten Bauruine des Dom Sowjetow (Haus der Räte). Es ist das Gelände, auf dem jahrhundertelang das Königsberger Schloss stand. Welch ein denkwürdiger Standort für den Führer des Weltproletariats, der immer noch unterwegs ist zu seinem endgültigen Platz in der Weltgeschichte.

Die Tennisspielerin in der Domkapelle

»Herzlich willkommen, liebe Gäste! Kommen Sie bitte herein und setzen Sie sich!« Während sie die deutsche Reisegruppe mit freundlicher Geste in die rechte Seitenkapelle des Königsberger Doms bittet, entfaltet sie vor den Gästen ihre ganze schlanke Größe. Vera spricht laut und deutlich auf Deutsch, wenn auch mit unverkennbar russischem Akzent und einigen grammatischen Fehlern. Das macht sie den Leuten aber nicht weniger sympathisch. Sie verteilt rasch eine Reihe deutscher Gesangbücher und sagt dabei schon selbst das Lied an, das sie heute mit der Gruppe zu singen gedenkt: »Nun danket alle Gott ...« Neben dem massiven hölzernen Altar hat sie eine kleine Elektroorgel stehen und begleitet den Gesang.

So einen Empfang haben die Deutschen offenbar nicht erwartet. Das Singen fällt trotz des bekannten Liedes recht dürftig aus. Einige sitzen stumm-verwundert da, andere schlucken schwer an der Erinnerung und wischen sich verstohlen ein paar Tränen ab. Viele sind gerade mit dieser ehrwürdigen, alten Domkirche in ihrer Familiengeschichte eng verbunden gewesen. Es entsteht eine beredte Stille, in der der Dom zu erzählen scheint, was er alles schon an Freud und Leid gesehen hat.

Unmittelbar vor sich sehen die Gäste das Altarkreuz. Die Domführerin weist auf den Text am Fuß des Kreuzes hin. Er erinnert daran, dass bei den Fliegerangriffen auf die Stadt im August 1944 eine Gruppe von Kindern in den Dom flüchtete und hier ums Leben kam.

Vera stellt sich als Mitglied der evangelisch-lutherischen Gemeinde Kaliningrad vor. »Aber unsere Gemeinde trifft sich nicht hier im Dom, sondern drüben in der neuen Auferstehungskirche. Hier ist nur Platz für kleinere Gruppen und besondere Gottesdienste, wie Hochzeiten oder Taufen.«

Während sie das sagt, verweist sie auf eine Reihe von Bildern an den Wänden der Kapelle: Man sieht den neuen roten Kirchenbau mit seinen beiden Türmen im Werden. Dort ein Foto der Domruine, als das Kirchenschiff zum Himmel hin noch offen war. Eine Karte zeigt die über 40 Gemeinden im Kaliningrader Gebiet.

»Haben Sie noch Fragen?« Vera bleibt keine Antwort schuldig, und auf Wunsch der Gruppe spielt sie abschließend die »Nationalhymne« der Ostpreußen, das »Land der dunklen Wälder«. Fast alle singen mit. Meist sind es die russischen Reiseleiterinnen, die höflich, aber mit überdeutlichem Klopfen auf die Armbanduhr zum Aufbruch drängen. Wahrscheinlich hätten viele Gäste noch gern gewusst, wie denn überhaupt Vera als Russin zur evangelischen Kirche und zu dieser Aufgabe hier im Dom gekommen ist.

Vera wird 1938 in Barnaul/Sibirien geboren. Ihr Vater gehört der russischen Armee an und wird 1946 nach Kriegsende für ein Jahr nach Magdeburg in die gerade entstandene SBZ (Sowjetisch besetzte Zone) versetzt. Vera erinnert sich gut an diese Zeit, die sie in kindlicher Unbefangenheit erlebt. Sie kann viele Jahre später (1993) noch das Haus wiederfinden, in dem sie damals gewohnt haben. 1947 wird der Vater als Soldat nach Kaliningrad versetzt. In dem allgemeinen Chaos der ruinierten Stadt hat die junge Familie zunächst eine provisorische Unterkunft in einem kleinen Hotel. Sie finden dann in eigener Suche eine von den Deutschen verlassene Wohnung in der uliza Admiralskaja (früher Ecke Körteallee/Friedrich-Wilhelm-Platz). Eine russische Nachbarin zeigt der kleinen Vera, wie ein deutscher Kohleofen arbeitet, und macht sie mit dem Leben in dem alten deutschen Haus vertraut. Das gefällt Vera so gut, dass sie insgesamt 53 Jahre dort wohnen bleibt.

Ihr Vater ist russlanddeutscher-polnischer Herkunft, aber sein Familienname Proserskij klingt russisch genug und erscheint niemandem verräterisch. Das kommt ihm in der Sowjetzeit bei seiner Stellung im Militär und bei seinem Hobby, dem Tennisspielen, zugute. In Kaliningrad avanciert er in diesem Sport gleich 1947 zum Champion Nr. 1. Er trainiert auch seine Kinder, und Vera startet 1950 selbst mit dem professionellen Spielen. Schon als Elfjährige spielt sie

Riesenerfolge ein, muss aber ihres Alters wegen noch warten, bis sie auch allein zu großen Wettkämpfen in der ganzen damaligen UdSSR reisen darf. Die Mutter und ihr Bruder sind längst in die ersten Reihen ihrer Altersklassen aufgerückt. Vera erzählt begeistert, wie nach den Tennisturnieren über die Stadionlautsprecher die ersten Siegestrophäen ihrer vier Altersklassen regelmäßig an ihre Familie gingen. Sie zeigt voller Stolz einen dicken Aktenordner voller Siegerurkunden.

Ihren späteren Ehemann Anatolij sieht Vera zum ersten Mal in einem Sportsaal beim gemeinsamen Training, obwohl er nicht im Tennis, sondern im Diskuswerfen und Kugelstoßen der Champion ist. Sie heiraten 1962. Ihr Mann kommt von Riga nach Kaliningrad und zieht mit in die große Wohnung von Veras Familie.

Wie die meisten Frauen der UdSSR muss auch Vera berufstätig sein. Sie weiß, dass sie nicht lebenslang Tennis spielen wird – schon gar nicht in den vordersten Reihen. Daher absolviert sie in Smolensk eine pädagogische Ausbildung in Englisch, Sport und Musik. Weil sie dabei gute Zensuren holt, kann sie sich auch zwischenzeitlich für ihre Tennisturniere dispensieren lassen. In dieser Zeit wird ihr Sohn Wladimir geboren, den sie dann fast immer mit auf ihre Touren nimmt. Kein Wunder, dass er später selbst Sportlehrer wird!

Als die Schule sie nicht mehr für Turniere beurlauben will, wechselt Vera als Musikpädagogin in die Kindergartenarbeit, wo man großzügiger mit ihren sportlichen Einsätzen umgeht. Auf die Frage, wann sie denn mit dem Tennisspielen aufgehört habe, sagt sie ganz sachlich ohne eine Spur von Resignation: »Das war um 1972, als wir nicht mehr die Besten unter den Spielern waren.«

Das alles hätte Vera den Gästen im Dom als Vorgeschichte

erzählen müssen, denn die wollten ja wissen, wie sie den Zugang zur evangelischen Gemeinde und ihrer Informationstätigkeit dort in der Kapelle gefunden hätte.

»Unsere ganze Familie ist kommunistisch erzogen, und auch wir mussten Atheisten sein, schon wegen unserer Arbeit in Ausbildungsberufen«, erklärt Vera und ergänzt das Erstaunliche: »Es kam alles durch unseren Sohn. Als der etwa 18 Jahre alt war, erklärte er, er wolle mal in eine Kirche gehen, sagte uns aber nicht, in welche.« Vera verfolgt diese Entwicklung mit Skepsis und Sorge. Sie erfährt, dass im Zuge der aufbrechenden Perestroika und der beginnenden Ideologiekrise des Staates schon gegen Mitte der 80er-Jahre ein amerikanischer Pastor in Kaliningrad ist und dort Menschen um sich versammelt. Ihr Sohn nennt ihn Bill und geht immer häufiger zu diesen Treffen. Vera und ihr Mann möchten natürlich gern wissen, unter welche Einflüsse ihr Sohn da gerät. So geht Vera eines Tages mit, hört Pastor Bill so interessant über Gott und die Bibel erzählen, dass sie selbst angetan ist und ihren Sohn in guter Gesellschaft sieht. Pastor Bill gründet gleich nach der Wende auch eine Bibelschule, kehrt aber bald darauf in die USA zurück.

Sommer 1991: Die Sperren rund um das Kaliningrader Gebiet werden langsam gelockert. Vera begleitet einige Touristen auf die Nehrung bis ins litauische Nida (Nidden) und stößt dort auf eine kleine deutsche Gruppe. Unter ihnen gibt sich auch eine gebürtige Königsbergerin aus Frankfurt/Main zu erkennen, die so gern ihre Heimatstadt besuchen würde. Aber das ist zu diesem Zeitpunkt noch nicht möglich. Vera bietet ihr, mit Händen und Füßen redend, ihre Hilfe für später an. Daraus ist eine Dauerfreundschaft mit zahlreichen Besuchen hin und her entstanden. Beim ersten Besuch der Frankfurterin in ihrer Stadt Königsberg/Kaliningrad schenkt sie Vera eine russische Bibel. Schon seit der allerersten Begegnung mit dieser Frau in Nida ist Vera bemüht, im Selbststudium Deutsch zu lernen.

1991 machen auch die ersten evangelisch-lutherischen Gemeindeversammlungen in Kaliningrad von sich reden. Vera, die durch ihren Vater und das Magdeburger Jahr immer einen Hang zu den Deutschen spürte, besucht eins der ersten Treffen, wendet sich aber »wegen der ganzen Drängelei« enttäuscht ab. Erst als ihr die Frankfurterin ein Päckchen schickt mit der Bitte, es an den amtierenden Pastor Beyer zu übergeben, bekommt sie persönlichen Kontakt, wird zu Gottesdiensten eingeladen, erfährt von Glauben und Taufe und ringt mit sich um die persönlichen Konsequenzen.

»Am 9. September 1992 wurde ich in der Ostsee bei Pionerski/Neukuhren getauft«, sagt Vera, und auf die verwunderte Nachfrage bestätigt sie: »Ja, tatsächlich in der Ostsee!« Ihr Mann bleibt distanziert, aber sehr tolerant. Ihr Sohn mit seiner jungen Familie schließt sich später einer amerikanischen Kirche an, die im Kaliningrader Gebiet tätig ist.

Im Lauf der Jahre werden die Räume in der uliza Admiralskaja für die Familie zu eng, denn der Sohn hat geheiratet und wohnt auch mit seiner Frau und zwei Kindern dort. Schweren Herzens verkaufen sie die schöne Wohnung. Mit dem Erlös können sie für Alt und Jung jeweils eine kleinere Wohnung in weniger bevorzugter Lage bekommen.

Die Löhne und Gehälter sind im Kaliningrader Gebiet so niedrig, dass auch Rentner sich nach zusätzlichen Verdienstquellen umsehen müssen. So arbeitet auch Anatolij noch manche Tage im Hafen. Viele Jahre lang hat er als Lotsen-Kapitän den Schiffen den Weg von Baltisk/Pillau nach Kaliningrad/Königsberg gewiesen.

Vera ist heute längst pensioniert. Das eröffnet ihr neue Möglichkeiten, so wie diese Touristen-Information in der Domkapelle. Im Sommer hat sie am laufenden Band Reisegruppen zu betreuen, aber im Winter sitzt sie auch manchen Tag in der Kapelle ohne einen einzigen Besucher, kann lesen oder sich an ihrem Deutschstudium erwärmen. Das lange Frieren im Dom ist vorbei, denn dank deutscher Hilfe ging im Herbst 2005 eine große Heizungsanlage in Betrieb. Die Arbeit im Dom teilt sich Vera mit einem Kollegen. Darüber ist sie sehr froh: »So habe ich mehr freie Zeit und kann mit meinem Mann zusammen in unserem Garten arbeiten. Wir müssen nämlich mit dem Bus hinfahren, weil wir kein Auto haben. Und die Enkelkinder will ich auch oft um mich haben.«

Soweit es ihre Arbeitszeiten zulassen, singt sie im Chor der Auferstehungsgemeinde mit. Dank ihrer Notenkenntnisse hat sie auch das Spielen auf der Sopran- und Tenorflöte gelernt, sogar fast überstürzt. Anfangs verwechselt sie schon mal den Einsatz der rechten und der linken Hand. Wenn ihr das Instrument dann nicht gehorchen will, nehmen sie selbst und alle in der Runde das mit viel Gelächter auf. Humor ist ja bekanntlich ein Schwimmgürtel auf dem Strom des Lebens.

Begegnungen im Sturm

An diesem Tag scheinen die dicken, düsteren Wolken ihre ganze Wut und Wucht über das Kaliningrader Gebiet auszuschütten. Straßen und Wege verwandeln sich im Nu in riesige Wasserflächen und reißende Bäche im Gefälle. Das Abwasser- und Drainagesystem in Kaliningrad, schon altersschwach seit der Königsberger Zeit, kann die Regenmassen nicht mehr aufnehmen. In Straßenmulden und Unterführungen, auch in der Bahnunterquerung am Hauptbahnhof, steht die braune Brühe so tief, dass die Räder der

Lastwagen und Autobusse kaum noch herausragen. Beim zügigen Durchfahren spritzen sie schonungslos einen meterhohen Drecksstrahl auf die letzten Fußgänger, die sich an den Mauern entlang zwängen. Pkw-Fahrer, die nicht mehr wenden können, weichen in ihrer Not auch auf die höher gelegenen Bürgersteige aus.

Heftige Stürme jagen von der Ostsee her über das Land, Bäume knicken wie Streichhölzer ab, brechen über Straßen zusammen, stoppen jeden Verkehr. Die zuständigen Behörden merken, dass morsche und kranke Bäume eigentlich erkannt sein müssten, bevor der Sturm sie eigenmächtig umlegt und Menschen gefährdet. Manche uralten Scheunendächer fliegen weg, Trümmer fallen herab. Die meisten Leute hocken in diesen Stunden verängstigt und abwartend in ihren Häusern. Wer nicht unbedingt hinaus muss, setzt sich dem Toben der Naturgewalten nicht freiwillig aus. Es gibt auch drinnen genug zu tun, wenn etwa das Wasser in die Stuben tropft, weil manche Flachdächer der fünfstöckigen »Chruschtschowka«-Häuser nicht dicht sind.

In dieser zweiten Augustwoche 2005 sind wir als Einzeltouristen unterwegs zu Besuchen bei Bekannten und Freunden aus unseren »aktiven« Jahren (1999-2002) in der Propstei Kaliningrad. Die Zeit ist zu kostbar, als dass wir das Ende des Unwetters abwarten möchten. Das Visum mit seinen vorgegebenen Reisedaten ist ein unerbittlicher Schrittmacher.

»Früher gab es hier auch schon solche Güsse«, erinnert sich ein alter gebürtiger Ostpreuße. Er ist genauso wie wir als Tourist unterwegs und nimmt uns in seinem Pkw mit in seinen Heimatort Cranz, das heute Selenogradsk heißt. Schon beim Aussteigen schlagen im Sturm sämtliche Regenschirme über, nach wenigen Schritten auf der Beton-Uferpromenade sind sie schrottreif.

Die Ostsee tobt, als wolle sie trotz der dicken Befestigung aus Findlingen den Rest des schmalen Sandstrandes vollends verschlingen. Meterhohe Wellen peitschen über das Geländer der Uferstraße und zerren an den Resten der Bauruine, die einmal ein Café-Restaurant für Sowjet-Prominenz war. Wir vereinzelten Touristen müssen uns schnell aneinander festhalten oder hinter einer vorspringenden Wand verstecken, damit wir nicht selbst Opfer dieses Orkans werden.

Unsere Kleidung ist binnen Minuten total durchnässt, aus den Schuhen wird bei jedem Schritt ein Schwall Wasser herausgequetscht. Wer in ein sommerlich-freundliches Ostpreußen reisen will, denkt nicht an Gummistiefel und derbes Regenzeug. Aber wir wollten ja das Brausen und Wüten der Gewalten hautnah erleben und nicht bis zum Ende des Unwetters warten.

Promenade in Cranz

»Jetzt ist es wohl Zeit«, sagt unser Freund, der uns im Auto mitgenommen hat, »dass wir zu Kistners kommen.« Herr und Frau Kistner sind Russlanddeutsche, beide sprechen sehr gut Deutsch. Wenn sich reisewillige »Spurensucher« bei uns nach Anlaufstellen im Kaliningrader Gebiet erkundigten, haben wir Kistners Adresse des Öfteren empfohlen.

Herr Kistner war bis zu seiner Pensionierung als Lehrer tätig, jetzt ist er Vorsitzender der kleinen evangelischen Gemeinde in diesem Ort. Als ihre private Stube für die Gottesdienste alle zwei Wochen nicht mehr ausreicht, können sie einen Anbau hinter ihrem Haus erwerben und in kleinen finanzierbaren Schritten zum liebevoll ausgestatteten Gemeinderaum ausbauen. Verständlich, dass ihr Engagement durch Spenden aus Deutschland unterstützt wird.

»Mei, wie seid ihr aber nass!«, rufen Kistners laut, als wir triefend vor der Tür stehen. Frau Kistner holt unverzüglich ein paar trockene Trainingshosen und Pullover herbei. Die »Tufli« (Hauspantoffeln) stehen in einem russischen Haus ohnehin immer in größerer Zahl am Eingang bereit. Wir verziehen uns hinter irgendwelche Türen zum Kleiderwechseln; das nasse Zeug kann bis zur Abfahrt über einem Waschtrog abtropfen.

Frau Kistner hat derweil schon zusammen mit einer anderen Frau in der Küche einen Teller Butterbrote hergerichtet und Tee gekocht. Die russische Gastfreundschaft ist wieder einmal faszinierend unkompliziert. Die mithelfende Frau aus der Küche entpuppt sich als eine Bekannte der Kistners, die gerade aus St. Petersburg zu Besuch ist und dort Französischunterricht erteilt. Deutsch spricht sie kaum.

Während wir hin und her plaudern, geht die Tür auf und eine ältere Frau, nicht ganz so durchnässt wie wir, tritt ins Zimmer. Ihr folgt ein südasiatisch aussehender Mann, dem das Unwetter und die ungewohnte Enge in dieser Stube offenbar fremd und unbehaglich sind. Frau Kistner bittet die beiden spontan in die Tischrunde, die Frau wendet sich um und wechselt mit dem Mann ein paar eilige Sätze auf Englisch. Als sie Platz genommen haben, erklärt die Frau: »Entschuldigen Sie bitte, dass wir so unangemeldet hereinkommen. Mit so einem fürchterlichen Wetter hatten wir überhaupt nicht gerechnet! Wir leben in London, aber ich bin hier in Cranz geboren. In diesem Sommer will ich meinem Mann das Land zeigen, aus dem ich stamme.« Und dann fügt sie noch hinzu: »Ich habe nämlich ein Buch geschenkt bekommen über Ostpreußen mit dem Titel ›Störche kennen keine Grenzen‹, und dadurch habe ich Kontakt zu Familie Wolfram in Hannover aufgenommen.« Sie schweigt eine Weile, sieht sich in der Runde um, ob sie wohl verstanden wird. »Ihre Adresse hier«, sagt sie dann zu Kistners gewandt, »habe ich von Pastor Wolfram bekommen, als ich mich wegen Reisemöglichkeiten erkundigte. Wir sollen auch herzliche Grüße von ihm bestellen!«

In der Tischrunde macht sich ein verhaltenes Kichern breit, man zwinkert sich vielsagend zu. Die beiden Neuankömmlinge wundern sich, sagen aber nichts, bis einer der Anwesenden das Wort ergreift und sie aufklärt: »Das haben Sie ja ausgezeichnet getroffen! Pastor Wolfram und seine Frau sind nämlich auch gerade hier am Tisch!« Die Überraschung ist perfekt. Nun geben sich alle genauer zu erkennen, es wird ein langer gemütlicher Abend mit frohen, internationalen Gesprächen.

Das Toben der Gewalten draußen ist noch nicht vorbei, aber wir merken kaum mehr etwas davon. Kistners Dach ist wasserdicht, unsere Kleidung trocknet in der häuslichen Wärme schneller als gedacht. Das Unwetter hat uns in der engen Stube zusammengebracht. Am sonnigen Strand wären wir sicher aneinander vorbeigelaufen.

Nur eine Konfirmationsurkunde

Das Zittern ist ihr deutlich anzumerken, als sie ihr wertvollstes Dokument den Besuchern zum Betrachten gibt. »Das ist meine Konfirmationsurkunde. Mehr habe ich nicht!« Sie achtet darauf, dass das Blatt genau gelesen und sorgsam von Hand zu Hand weitergereicht wird. »Maria Glania, geb. 25.8.1919 in Sensburg/Ostpr., zur Erinnerung an ihre Konfirmation. Psalm 121,3: »Er wird deinen Fuß nicht gleiten lassen, und der dich behütet, schläft nicht.« Das Papier wurde am 9.4.1933 in Essen-Schonnebeck ausgefertigt.

An diesem Sommerabend im August 2005 sitzen wir in ihrer Stube beisammen. Das Haus, von dessen traurig-makabrer Geschichte wir erst später erfahren werden, steht ein wenig versteckt zwischen dem Sackkeimer Tor und dem Pregelufer. Keiner von uns kann zunächst begreifen, warum dieser alten Frau mit ihren fast 86 Jahren gerade dieses Stück Papier so wichtig geworden ist.

»Der Spruch hat Ihnen sicher oft Zuversicht und Trost gegeben«, sagt einer, »wenn man an die schweren Zeiten denkt, die Sie erlebt haben.«

»Ja, das mit dem Psalmwort stimmt auf jeden Fall«, antwortet Maria. »Aber sonst hat mich die Urkunde leider nicht herausgerissen.«

Ihre Wohnung ist sauber und ordentlich eingerichtet: Wie in vielen deutschen »guten Stuben« gibt es eine Sitzgarnitur mit dem halbhohen Tisch dazu, eine dreitürige Vitrine, in der ein goldgerändertes Kaffeeservice und zwei Kristallvasen aufgebaut sind. Russisch dagegen wirkt der große aufgehängte Teppich, der fast die gesamte Wand hinter dem Sofa einnimmt.

Maria Krawtschuk ist jetzt allein. Das fällt ihr schwer, denn sie war zeitlebens eine »Familienfrau« und sorgende

Mutter. Ihr Gesicht ist gezeichnet von vielen Altersfalten, die Augen sind so schwach geworden, dass sie nicht einmal ihre Bibel mehr lesen kann. Aber ihr Blick geht geradeaus in eine Weite, in die der Besucher kaum folgen kann. Geht er zurück auf die dunkle Strecke voller schlimmer Erfahrungen oder nach vorn in Erwartung einer besseren Welt in Gottes Ewigkeit?

Der dampfende Kaffee und das Gebäck auf dem Tisch geraten über dem Erzählen fast in Vergessenheit. Das alte Königsberg ersteht wieder neu, allerdings in seinen schlimmsten Zeiten nach 1944. Maria Krawtschuk ist eine der wenigen Deutschen, die das Inferno des Krieges in der Stadt erlebt und *über*lebt hat – und sogar bis heute dort geblieben ist. Allerdings nicht freiwillig.

»Als ich Kind war, lebten wir alle zusammen auf einem Hof meiner Großeltern in Peitschendorf. Das liegt jetzt drüben in Polen, bei Sensburg. Mein Vater starb schon, als ich 1 Jahr alt war, aber dann hat meine Mutter wieder geheiratet.«

Maria schwärmt von ihrer Kinderzeit, aber sie weiß auch, dass ihre Eltern sich bessere Lebensbedingungen im Westen erhofften und deshalb ins Ruhrgebiet nach Essen zogen. »Wir blieben bis 1933, so bin ich dort auch konfirmiert worden. Aber als Hitler an die Macht kam, kehrten wir wieder zurück nach Masuren in unser kleines Peitschendorf. Da habe ich 1937 geheiratet. Unser Walter ist 1938 geboren und Hannelore dann 1941.«

Marias Mann wird bei Kriegsbeginn eingezogen. In Ostpreußen ist es noch ruhig. »So ganz schlimm wurde es erst«, fährt Maria fort, und gerät in heftige Erregung, als sei es erst gestern passiert, »als die Rote Armee ab Januar 1945 nach Ostpreußen eindrang. Wir sind bei 20 Grad Frost und tiefem Schnee geflüchtet, aber sie haben uns eingeholt. Wir sind

Nur eine Konfirmationsurkunde belegt die deutsche Abstammung von Maria Krawtschuk

herumgeirrt, wir wollten raus über Pillau, wir hätten es vielleicht mit der »Gustloff« versuchen können, aber wir hörten, dass da schon alles besetzt wäre. Es war alles zu spät!«

Im Nachhinein erinnert sie sich dankbar an ihren Konfirmationsspruch und sieht die Verspätung als Bewahrung an, denn die »Gustloff« sank nach Torpedobeschuss am 30. Januar 1945 kurz vor Mitternacht und riss 5348 Menschen mit in den Tod. Vielleicht noch mehr. Nur 1200 sollen überlebt haben von all den Flüchtlingen auf dem überladenen Schiff.

Marias Schwester nimmt die beiden Kinder Walter und Hannelore zu sich und versucht zusammen mit ihren Eltern, zunächst über Peitschendorf dem drohenden Verderben zu entkommen. Maria erfährt jahrelang nichts vom Schicksal ihrer Angehörigen.

»Und warum sind Sie selbst nicht mit Ihren Angehörigen geflüchtet?«

Maria hat unsere Frage schon erwartet, und ihr kommen wieder die Tränen. »Mein Mann war in den letzten Kriegsmonaten als Unteroffizier nach Königsberg versetzt worden, und ich wollte doch in der schweren Zeit bei ihm sein. Wir machten aus, dass unsere Wohnung der Treffpunkt sein sollte, falls wir uns verlieren sollten!« Sie verloren sich für immer.

In Königsberg bricht in diesen Wintermonaten 1945 alles zusammen. Keine Nahrungsmittel, kein sauberes Wasser, Lebensgefahr sowohl draußen im Freien als auch in den ruinenhaften Häusern, zerlumpte Gestalten suchen nach Essbarem, die Stadt ist zur Plünderung freigegeben.

»Nachts wurden die jungen Frauen und Mädchen mit Lampen gesucht und herausgeholt. Nicht alle kamen zurück.« Maria erinnert sich mit Schrecken. »Viele wurden erschossen, unter ihnen auch Krankenschwestern und Ärzte! Da sind ja auch im Krieg Kinder geboren. Die wurden dann oftmals im Krankenhaus ausgesetzt, weil die Mütter entweder selbst krank oder schon an Hunger und Schwäche gestorben waren.«

Maria irrt in der Stadt und auf dem Land herum, immer auf der Suche nach Lebensmitteln. Am 9. April 1945 – also einen Monat vor Kriegsende und ohne Hitlers Zustimmung – unterzeichnet General Otto Lasch die Kapitulationsurkunde für die geschundene Stadt, um weiteres Blutvergießen zu verhindern. Während die russische Seite im Siegestaumel steht, versucht die verzweifelte deutsche Bevölkerung zu fliehen. Maria sucht ihren Weg westwärts über Metgethen, nächtigt in

Stallgebäuden, gerät in verminte Felder, wird ausgeraubt und zurückgeschickt, um als Trümmerfrau zu schuften. Ein Stück Brot als Entgelt für einen Tag Steineklopfen.

Im Frühjahr 1945 erkrankt sie so schwer an Hungertyphus, dass sie den Tod unmittelbar vor sich sieht. Sie wird ins Krankenhaus der Barmherzigkeit gebracht. »Das war mein Glück«, weiß sie heute, »sonst wäre ich längst irgendwo unter der Erde! Im Keller des Krankenhauses habe ich überlebt!« Für Ende April 1945 hat sie zwar schon eine Platzkarte für einen der Transportzüge nach Westen ergattert, aber durch die schwere Krankheit ist sie reiseunfähig und – muss zurückbleiben.

Über zwei Monate lang ringt sie in Königsberg mit dem Tod. Durch einen medizinischen Helfer lernt sie hier ihren zweiten Mann kennen. Er ist gebürtiger Ukrainer und arbeitet als Koch in diesem Krankenhaus. Heimlich und unter eigener Gefährdung kann er ihr besseres Essen zukommen lassen, sodass sie wieder auf die Beine kommt. Er hat eine Wohnung und nimmt Maria zu sich. Seit ihrer Trauung heißt sie nun Maria Krawtschuk.

Bei russischen Familien findet Maria hier und da Arbeit. Sie wäscht, putzt und näht. Einmal hatte sie das Glück, in einem Lebensmittellager arbeiten zu können, aus dem sie selbst kleine Rationen mitnehmen darf. Ein Kleid gegen etwas Essbares: Auf dem Schwarzmarkt blühen die Tauschgeschäfte.

Nach der Geburt ihrer beiden Söhne aus zweiter Ehe findet Maria 1955 Arbeit als Leichenwäscherin und kann deshalb mit ihrer Familie eine Wohnung in der ersten Etage eines früheren Pfarrhauses beziehen, wo sich derzeit im Parterre die Leichenhalle befindet. Das Haus gehört zu dem aus deutscher Zeit stammenden »Siechenhaus« und dem Johannisstift. »In den Jahren nach Kriegsende sind dort so viele

Menschen gestorben, und die Leichen mussten wir für die ärztliche Kontrolle vorbereiten«, sagt Maria, »aber das will ich besser nicht so ausführlich erzählen. Außerdem haben sie immer noch Leichen unter den Trümmern gefunden, und im Pregel wurden auch oft Tote angespült.«

Sie erzählt davon mit beinahe berufsmäßiger Abhärtung. Sonst wäre sie wohl kaum 50 Jahre lang bis heute (2005) in diesem Hause wohnen geblieben.

Im April 1946 wird das Kaliningrader Gebiet zum militärischen Sperrgebiet erklärt. Niemand darf es mehr ohne Genehmigung betreten oder verlassen. Maria muss ihre deutsche Identität unter Lebensgefahr geheim halten, nur ihr Ehemann weiß davon. Jahrelang lebt sie ohne russische Staatsangehörigkeit, dann wird sie ihr aufgezwungen.

Nach dem Zusammenbruch der UdSSR (1991) versucht sie sofort, einen deutschen Pass zu erhalten. Dabei stößt sie auf ungeahnte Schwierigkeiten. »Ich sollte der Behörde beweisen, dass meine Eltern Deutsche waren. Aber ich hatte doch damals in dem Chaos alle wichtigen Personaldokumente verloren!« Unter Tränen erinnert sie sich, wie marodierende Soldaten ihr bei einem Überfall den Mantel wegrissen, in dem sie einige Dokumente versteckt hatte. Einzig übrig geblieben ist ihre Konfirmationsurkunde. Doch damit kann sie niemandem beweisen, dass sie, Frau Krawtschuk, mit der damaligen Maria Glania identisch ist. Dass der Vorname übereinstimmt, genügt nicht, und bei der russischen Kriegstrauung ist wohl ihr Mädchenname aus Sicherheitsgründen geändert worden.

Zusammen mit ihrem ukrainischen Ehemann sucht sie bis 1961 erfolglos nach ihren beiden verschollenen Kindern, ihrer Schwester und den Eltern, dann erst erhält sie schreckliche Nachrichten vom Tod der meisten Angehörigen. Sie erfährt aber auch, dass ihr ältester Sohn Walter in Polen am

Leben geblieben ist. Maria wird ihn erst als 22-Jährigen wiedersehen.

»Ich hab' ihn dann nach Kaliningrad bekommen; das war sehr schwierig mit den Behörden«, erinnert sie sich. »Er fand Arbeit in einem Sägewerk, aber bei einem Unfall verlor er eine Hand und konnte nicht mehr voll arbeiten. Bis zu seinem Tod 1996 hat er hier bei mir gewohnt.«

Als sich 1990/91 die ersten ankommenden Russlanddeutschen und die Dagebliebenen in Kaliningrad sammeln und eine evangelische Gemeinde bilden wollen, ist Frau Krawtschuk von Anfang an dabei. In ihrer Stube findet der allererste evangelische Gottesdienst nach der Wende statt, aber für die weiteren Zusammenkünfte wird es bald zu eng. In welchen Räumlichkeiten auch immer sich die Gemeinde in den folgenden Jahren versammelt, Maria Krawtschuk hat ihren Stammplatz – bis es ihr Gesundheitszustand und die gestiegenen Fahrtkosten nicht mehr erlauben, mit öffentlichen Verkehrsmitteln quer durch die Stadt zur neuen Auferstehungskirche zu fahren. Gelegentlich nimmt sie aber an Veranstaltungen der katholischen Gemeinde teil, die in unmittelbarer Nähe ihres Hauses ein Gemeindezentrum am Pregel aufgebaut hat. Gott wird den Menschen am Ende nicht nach der Konfession und der Zahl seiner Gottesdienstbesuche fragen, sondern danach, ob er einen lebendigen und tragfähigen Glauben hatte.

Bei unserem Besuch im Sommer 2005 erleben wir in Frau Krawtschuk eine alte Königsbergerin, die aus ihrer engsten Familie allein übrig geblieben ist. Ihr Mann ist schon 1982 verstorben. Nach der Wende, als das Kaliningrader Gebiet sich wieder öffnet und die Menschen die Luft neuer Freiheit atmen, geht eine Welle der Euphorie durch das Land. Allerdings nicht für Maria Krawtschuk. Denn sie verliert in diesen

Jahren auch ihre beiden jüngeren Söhne Alexander und Waldemar sowie eine ihrer Schwiegertöchter.

»Es war nicht mehr genug Geld da, um die letzte Beerdigung zu bezahlen«, sagt Maria leise. »Da haben wir mit der Friedhofsverwaltung Ratenzahlung ausgehandelt. Dafür muss ich nun meine monatliche Rente einsetzen. Zum Leben blieb mir da nichts.« Sie erinnert sich aber dankbar, dass Freunde aus Deutschland ihr in dieser Notlage geholfen haben. In ihrem hohen Alter sorgt sie sich nun um die Zukunft ihrer halb- oder ganz verwaisten Enkel, dass sie eine Ausbildung machen, nicht in Drogen- oder Alkoholsucht geraten und eine gute Arbeit finden.

Vom Leben ist Maria arg geschüttelt, aber zugleich stark und widerstandsfähig geworden, nicht zuletzt aufgrund ihres Glaubens. »Ich wusste, dass Gott mich nie verlassen hat und dass er bei mir bleibt, bis er mich heimruft.«

Sie ist eine der wenigen und letzten Deutschen, die die gesamte Sowjetzeit Kaliningrads überlebt haben. Auf einem Foto sehen wir Maria Krawtschuk, wie sie stolz auf den im Hintergrund sichtbaren Königsberger Dom zeigt, der durch weltweite Hilfen wieder restauriert wurde: »Jetzt bin ich froh, dass wir hier wieder ganz offen deutsch reden können und dass so viele Kontakte nach Deutschland neu entstanden sind!«

Auf die Frage, ob sie denn vielleicht nach Deutschland übersiedeln möchte, antwortet sie überzeugend: »Den deutschen Pass könnte ich jetzt kriegen, aber nun nützt er mir nichts mehr. Dafür ist es zu spät. Und die Gräber meiner Angehörigen sind auch hier in Ostpreußen. Das werden Sie doch verstehen?«

Zurück zu den Wurzeln

Die kleinen Doppelhäuser sehen alle gleich aus, eine Haustür von links, die andere spiegelbildlich von rechts. Jeweils zwei Familien wohnen unter dem gemeinsamen Dach, jede hat ihre drei Zimmer und die Küche, die man direkt durch einen winzigen Vorraum betritt. Wir sind in einer Siedlung von Kolchos-Wohnhäusern in Slawjanskoje/Pronitten.

»Keine Sorge, ihr findet das Haus der Trautmanns auf Anhieb: Es hat einen richtigen Zaun und einen schönen Blumengarten. Straßenschilder und Hausnummern sind auf dem Lande sowieso meist Mangelware. Und bei denen parken oft mehrere Autos!«

Mit diesen Hinweisen ausgerüstet, finden wir das Haus sofort. Herr Trautmann öffnet die Tür und führt uns zwei Besucher mit größter Selbstverständlichkeit in die Stube, obwohl er uns kaum kennt und wir ganz unangemeldet auftauchen.

In der Runde sitzen einige Leute auf simplen Hockern und Bänken. Man nickt uns Ankömmlingen kurz zu, und der deutsche Redefluss der Frau am Tischende wird nicht unterbrochen. Alle hören ihr gespannt zu. Im Kaliningrader Gebiet in so eine ausschließlich deutsch sprechende Gruppe zu geraten, ist überraschend und merkwürdig zugleich.

Frau Trautmann, die uns als spontanen und späten Besuch kaum wahrgenommen hat, erzählt an diesem Sommernachmittag im Jahre 2000, wie sie im September 1996 mit 76 Rindern und einem Zuchtbullen im Kaliningrader Gebiet ankamen. Ihre Geschichte ist angesichts der russischen Bürokratie mit all ihren Fußangeln so faszinierend, dass die Zuhörer Zeit und Stunde völlig zu vergessen scheinen. Sie tauchen in ein wild bewegtes Leben ein und lernen eine Persönlichkeit kennen, die sich durch Widerstände nicht einschüchtern, sondern vielmehr zu Neuem herausfordern lässt.

Diesen Teil des Kolchoshäuschens haben Trautmanns gemietet. Ihre Kühe stehen etwa 2 Kilometer entfernt in einem Stall einer früheren Kolchose in Turgenewo/Groß Legitten. Außer manchen landwirtschaftlichen Maschinen haben sie auch eine Milchverarbeitungsanlage aus Deutschland mitgebracht, aber die war bereits vor der Inbetriebnahme durch Vandalismus funktionsunfähig gemacht worden. Vielleicht suchten die Täter nach etwas Tauschbarem für Wodka? So steigen Trautmanns gleich mit Reparaturen und viel Improvisationstalent in die Arbeit ein.

Etwa 10 bis 12 Menschen finden in dem neu entstehenden Betrieb eine Arbeitsstelle. Eine russische Molkerei in Turgenewo/Groß Legitten kann von den regelmäßigen Milchlieferungen profitieren und die Produkte verkaufen. »Unsere Leute sollen auch lernen, wie die Zusammenhänge sind«, sagt Frau Trautmann und nennt für die Viehhaltung die Beschaffung des Futters, den ganzen Stall- und Weidebetrieb, das Melken und die Vermarktung der Milch, den Verkauf von Käse und die drohende Konkurrenz. Sie nennt diese Kette in einem Atemzug und aus dem großen Überblick heraus. Alle Zuhörer im Raum merken, dass sie hier die Chefin ist, die die ganze Betriebsführung souverän in den Händen hält. Ihr Mann unterstützt sie nach besten Kräften. Zwei der Anwesenden schreiben eifrig mit, es sind offenbar Journalisten, die gekommen sind, weil sie kaum glauben können, dass eine schon ältere Landwirtin aus Deutschland hier im russischen Nord-Ostpreußen so ein spektakuläres Projekt gestartet hat.

Wie ist es dazu gekommen?

Mit 76 Stück Vieh zurück in die alte Heimat: Ehepaar Trautmann

Frau Trautmann wird als Ursula Wullenkordt 1928 in Ostpreußen geboren und wächst als einziges Kind auf dem Gut »Ackerhof« bei Markthausen (russ. Wysokoje) auf. Voller Anerkennung spricht sie von ihrer Mutter, die sich damals mit ihren Erfolgen in der Herdbuchzucht einen Namen machte. Sie selbst sollte nach der Schule auch Landwirtin werden. Eine reiche Jugendzeit, eine gesicherte Zukunft vor Augen – bis der Krieg kam und alle Hoffnungen zerstörte. Vom »Ackerhof« ist heute nichts mehr wiederzufinden außer der Zufahrtsallee und dem Hügel des zugehörigen kleinen Gutsfriedhofs.

Das junge Mädchen durchlebt ab dem 16. Lebensjahr das Kriegsgeschehen in seiner ganzen Brutalität. Der Vater wird schon früh eingezogen und bleibt für die Familie bis kurz nach Kriegsende verschollen. Mitte Januar 1945 müssen sie den Hof überstürzt verlassen, schließen sich unter der Regie der Mutter mit 8 Wagen und 16 Pferden dem allgemeinen Treck der Flüchtenden in Richtung Westen an. Da die Mutter immer noch an eine baldige Rückkehr glaubt, halten sie sich unterwegs ein paar Tage südlich des Kurischen Haffs in der Nähe von Labiau bei Verwandten auf dem Marienhof auf.

Unter dem bedrohlichen Näherrücken der russischen Front flüchten sie weiter Richtung Pillau. Das Mädchen mit seinen gerade 16 Jahren wird immer wieder allein losgeschickt, um in den verlassenen Hofstellen Futter für die Pferde aufzutreiben. Dabei macht sie grässliche Entdeckungen, die sich in ihr Gedächtnis unauslöschlich einprägen. Sie sieht zerschmetterte Schädel, gekreuzigte Menschen, Leichen im Blut liegend. Sie wird gezwungen, am Strand vor Pillau Leichen aufzusammeln, die von gesunkenen Schiffen angespült wurden.

Im Rückblick sagt sie selbst über diese schreckliche Zeit: »Es ist erstaunlich, wie ich damals auf diese schlimmen Eindrücke reagiert habe. Ich habe sie wohl zur Kenntnis genommen, abgespeichert, aber nicht mit Angst oder lähmendem Entsetzen darauf geantwortet, sondern seltsam unbeeindruckt das weiter getan, was mir aufgetragen wurde oder was ich für meine Pflicht hielt. Ich habe auf der Flucht die Angst verloren. Es gab zu viel, was ich unternehmen musste, wofür ich verantwortlich war. Da blieb keine Kraft für mich selbst, für Mitleid oder Trauer …«

Schon früh lernt sie in diesen Kriegsmonaten des Winters 1945, sich um Verwundete und Kranke zu kümmern, denn ihre Mutter hielt es für sinnvoller, ihre einzige Tochter als Schwesternhelferin in ein Lazarett zu schicken als zum Ausheben von Panzergräben. In den Kämpfen um Pillau verlieren sich Mutter und Tochter aus den Augen. Ohne voneinander zu wissen, flüchten beide über die Frische Nehrung in Richtung Danzig.

Ursula stößt bei ihrem Herumirren auf deutsche Soldaten, die sie wiedererkennt, weil sie im Osten auf ihrem »Ackerhof« schon im Quartier gelegen hatten. Diese verhelfen ihr zu einem Platz auf einem Schiff, das die dänische Insel Bornholm ansteuert. Eine ruhige Insel, aber die einheimische Bevölkerung behandelt die Flüchtlinge voll kalter Abwehr. Unmittelbar nach der Kapitulation Anfang Mai 1945 gelangt Ursula Wullenkordt auf einem Fischkutter nach Schleswig-Holstein. Auch hier stößt sie zusammen mit anderen geschwächten Menschen auf böse Ablehnung, erhält eine miserable Unterkunft auf einem Heuboden zwischen Eulen, Ratten und Ungeziefer. »Unmenschlich!«, sagt ein englischer Offizier empört, als er diese Zustände kennen lernt, und sorgt dafür, dass die Ortsbewohner Zimmer zur Verfügung stellen. Dank ihrer Sprachkenntnisse erhält Ursula vorübergehend eine Stelle als Dolmetscherin bei den Engländern.

Vater und Tochter Wullenkordt finden sich schließlich bei einem nahen Verwandten in Neumünster wieder, ziehen dann weiter nach Westfalen in den Haushalt des verwitweten und nun alleinstehenden Großvaters. Die junge Ursula muss von heute auf morgen die Rolle der Hausfrau und Wirtschafterin übernehmen. Über eine Bielefelder Bekannte erfahren sie zufällig, dass die Mutter noch lebt, und zwar in einem dänischen Internierungslager. Erst im März 1947 darf sie zu ihrer Familie ausreisen.

Die Mutter nimmt nun erneut die Familienführung in die Hand, wie schon in Ostpreußen. Sie glaubt fest an eine Rückkehr in ihre angestammte Heimat. Aber auch in der westfälischen Umgebung kann sie sich ein Leben ohne Landwirtschaft nicht vorstellen. Ursula Wullenkordt schildert ihre

Mutter als patent und lebensklug, während sich der Vater in den ärmlichen Verhältnissen der Nachkriegszeit nur schwer zurechtfinden kann.

Die Familie pachtet im Lauf der Jahre verschiedene Höfe, investiert viel und gewinnt wenig.

»Pachtungen blieben unser Schicksal«, sagt Ursula Wullenkordt rückblickend, »denn Eigentum konnten wir nicht erwerben. Dafür war mein Vater zu alt, als es in den vierziger und fünfziger Jahren in Westdeutschland um die Verteilung von Siedlerstellen an vertriebene Landwirte ging – und ich als unverheiratete junge Frau war in den Förderungsplänen nicht als Anspruchsberechtigte vorgesehen. Wir brachten also einen abgewirtschafteten Hof nach dem anderen in die Höhe, dann wurde der Vertrag nicht mehr verlängert oder der Pachtzins stieg so hoch, sodass wir uns nach einem neuen Betrieb umsehen mussten.«

Nacheinander bewirtschaften sie Höfe in Westfalen, im Lipperland, in Hessen, auf einer Rheininsel, im Saarland und in Rheinland-Pfalz. Ein bewegtes, abwechslungsreiches, aber zugleich aufreibendes Leben.

Ursula heiratet 1967 Klaus Trautmann, der auch ein gebürtiger und vertriebener Ostpreuße ist und von Beruf Agraringenieur. Zu ihrer großen Freude werden ihnen zwei Söhne geboren, denn Frau Trautmann hat zeitlebens selbst unter dem abwertenden Urteil gelitten, »nur ein Mädchen« zu sein. Der ältere Sohn Jens zeigt schon früh seine Liebe zur Landwirtschaft.

Mit dem Niedergang der kommunistischen Herrschaft kommt 1991 die politische Wende und Freiheit für die Länder, die jahrzehntelang in der Zwangsumarmung durch die UdSSR zu leben hatten. Das militärisch abgeschirmte nördliche Ostpreußen öffnet sich auch, bleibt aber russisch.

Familie Trautmann gehört 1992 zu den ersten Besuchern, die auf Spurensuche gehen. Sie finden viel Zerstörtes vor, verwahrloste und verwilderte Flächen, aber die Liebe der Familie zur alten Scholle bleibt unerschütterlich. Sohn Jens verliebt sich sofort in die Heimat seiner Eltern. Er wünscht sich vor allem die Rückgabe der Hofstelle und möchte, dass sie als Landwirte nach Ostpreußen zurückkehren.

Diese Rückkehr bahnt sich schon 1993 an – schneller als erwartet. Der Zusammenbruch der UdSSR hat ein Chaos in der Landwirtschaft hinterlassen, das Familie Trautmann besonders schmerzt: die alten Kolchosen sind verkommen, Arbeitskollektive wurden aufgelöst, Felder nicht mehr bestellt, sodass riesige Flächen versteppt sind. Die Viehwirtschaft ist heruntergekommen, Milch wird nicht vermarktet, Kühe müssen notgeschlachtet werden.

Kein Wunder, dass die neu entstandene Zivilverwaltung des Gebietes mit Erstaunen sieht, wie hier eine Familie mit großem Engagement und Sachkenntnis ein positives Entwicklungskonzept vorlegt. Noch bevor auf russischer Seite irgendwelche Gedanken und Ängste wegen etwaiger »Regermanisierung« aufkommen können, haben Trautmanns schon über prominente Fürsprecher ihren avisierten landwirtschaftlichen Betrieb als »juristische Person« eintragen lassen. Damit haben sie Anspruch auf Landerwerb per Pacht und eine Arbeitsgenehmigung in der Landwirtschaft erreicht. Auf diesem Hintergrund können sie die benötigten Maschinen und Geräte, schließlich auch den eigenen Viehbestand aus Deutschland importieren.

Der erste Erfolg ist rasch erreicht: Die für den Bereich Wysokoje (ehem. Markthausen) zuständige Verwaltung verpachtet 1993 an Frau Trautmann die Flächen ihres elterlichen »Ackerhofes« auf 49 Jahre. Ausländer dürfen nämlich nach russischem Gesetz bislang kein Land als Eigentum erwerben.

Der größte Wunsch der Familie Trautmann, dass nämlich ihr Sohn Jens den ostpreußischen Hof übernehmen soll, erfüllt sich nicht. Der junge Landwirt wird im Sommer 1994 auf dem saarländischen Hof der Eltern von einem Blitz tödlich getroffen. Der Mensch denkt, und Gott lenkt – was aber in dieser tragischen Situation unendlich schwer anzunehmen ist. Es braucht sehr viel Zeit, eine einfühlsame mitmenschliche Umgebung und das Wissen, dass niemand über diese Erde geht, den Gott nicht liebt. »Was uns wieder ins Leben zurückführte«, sagt Frau Trautmann, »war der Wunsch, das Vermächtnis unseres Sohnes zu erfüllen«.

Erst im April 1996 wagt Frau Trautmann im Kaliningrader Gebiet einen kühnen Vorstoß. Sie fragt den russischen Verwalter des früheren landwirtschaftlichen Betriebes in Maiskoje (ehem. Gut Meyken), ob sie zusätzlich zu den Flächen des »Ackerhofes« auch die 300 Hektar des Marienhofes und die Gebäude des dort angrenzenden Annenhofes pachten könne. Beide früheren Anwesen ihrer Eltern und Verwandten sind nur wenige Kilometer von Maiskoje/Meyken entfernt. Der Verwalter ist einverstanden, die Verträge werden ausgefertigt.

Die polnisch-russische Grenze, in vielen Fällen für Reisende eine nervenaufreibende Passage, hat für Familie Trautmann bereits manchen Schrecken verloren, als sie im September 1996 mit ihrem ganzen Treck (Kühe, Maschinen und Geräte) dort eintreffen. »Tiere werden bevorzugt behandelt«, erklärt Frau Trautmann »sie müssen schließlich regelmäßig gefüttert werden, schmuggeln nichts, sind unschuldige Geschöpfe.« Trotzdem hat jedes Tier seinen eigenen Laufpass und trägt die Erkennungsmarke im Ohr. Die Gerätschaften sind für die Registrierung sauber aufgelistet. Es kommt Familie Trautmann zugute, dass ihre Firma schon als »juristische Person« im Kaliningrader Gebiet eingetragen ist. Der nicht alltägliche Treck ist auch für die Grenzbeamten neu und aufregend, aber nicht verdächtig. Trautmanns dürfen relativ zügig passieren.

Die deutsche Presse greift das spektakuläre Ereignis sofort interessiert auf. »Ostpreußische Landwirtin wandert mit 76 Stück Rindvieh zurück in ihre alte Heimat«, so und ähnlich lauten die Schlagzeilen.

Der Alltag beim Aufbau einer neuen Landwirtschaft mit Schwerpunkt Milchviehhaltung sieht im russischen Nord-Ostpreußen schon weniger spektakulär und rosig aus. Wenn dort in ländlicher Gegend überhaupt Arbeit angeboten wird – dazu noch von Leuten aus dem »reichen« Westen und mit regelmäßiger Bezahlung –, dann sind Arbeitskräfte rasch zu finden. Trautmanns lernen arbeitswillige und ehrliche Mitarbeiter kennen, erleben aber auch herbe Enttäuschungen.

Der sowjetisch geprägte Mensch war lange Zeit nur Befehlsempfänger, der prompt zu gehorchen hatte, ohne seine Arbeit zu hinterfragen. Eigeninitiative war für viele deshalb ein Fremdwort, das in den ersten Jahren nach der Wende gern mit Eigensinn und Ungehorsam gleichgesetzt wurde. Wenn man sich im staatlich geführten Betrieb nebenbei mit Waren und Vorteilen selbst »versorgte«, so war das nichts Besonderes und bestenfalls ein »Kavaliersdelikt«.

Den Verlockungen der westlichen Güter können einzelne Mitarbeiter in ihrer neuen Stellung dann auch nicht widerstehen. Trautmanns werden immer wieder belogen und bestohlen. Vielleicht sind auch Neid oder Hass auf die Initiativen der Fremden aus Deutschland mit im Spiel. Immerhin ist der Betrieb durch Jungtiere und Zukäufe mittlerweile auf 135 Stück Vieh angewachsen. Frau Trautmann klagt, dass sie beim Melken eigentlich immer selbst im Stall stehen und aufpassen muss – sonst kann sie wesentlich weniger Milch an die Molkerei abgeben. Nicht nur Maschinen werden beschädigt und unbrauchbar gemacht, sogar gute Tiere verschwinden oder werden gegen schlechte ausgetauscht.

Ein anderes Problem ist der Alkoholismus, die schlimmste Volkskrankheit in Russland. Wer ständig zu viel Wodka trinkt, kann auf Dauer nicht arbeitsfähig bleiben.

Aber Frau Trautmann erzählt auch von zuverlässigen und sehr hilfsbereiten Menschen, die ihr in allen möglichen Schwierigkeiten unverzüglich zu Hilfe kommen.

Die Handelskammer Hamburg (HKH) hat seit Mitte der 90er-Jahre in Kaliningrad eine Filiale ihrer St. Petersburger Niederlassung eingerichtet. Zwischen dem »neuen« Osten und dem »alten« Westen sollen wirtschaftliche Kontakte aufgebaut und betreut werden; das ist ihr zentrales Anliegen. Der Leiter der Handelskammer, Dr. Stephan Stein, richtet in Kaliningrad unter anderem einen »Deutschen Wirtschaftskreis« ein, wo sich Unternehmer zum Austausch treffen, die in der russischen Exklave einen Anfang wagen. Dr. Stein gibt jeweils zu Beginn der Treffen einen Überblick über die aktuelle politische Lage, die ja für alle wirtschaftlichen Vorhaben außerordentlich wichtig ist.

Eines Tages treffe ich Frau Trautmann in diesem Kreis wieder. Sie klagt besonders über die mangelnde Rechtssicherheit für Investoren in diesem Land. Andere Teilnehmer stimmen ihr zu. Da sind etwa ein Geflügelzüchter, ein Geschäftsmann für Solinger Messer und Klingen, ein Schreinermeister aus Deutschland oder ein Fabrikant, der mit einer großen Näherei Kopfstützenbezüge für Autos herstellen lässt und dadurch über 400 Arbeitsplätze geschaffen hat.

»Und was machen Sie hier? Sie sind doch von der Kirche«, fragt mich einer herausfordernd.

»Nun, als kirchliche Mitarbeiter haben wir doch ständig mit Menschen zu tun, die eben in diesem wirtschaftlichen Gefüge stecken und ihren Weg suchen.« Nur so kann ich vorerst meine Teilnahme rechtfertigen; und ich füge zum besseren Verständnis hinzu: »Wir wollen als Kirche auch Neues aufbauen oder Altes wiederherrichten. Wir sind außerdem eine Art »Sozialstation« wegen der vielen Sorgen und Probleme, die Menschen an uns herantragen.« Das genügt, damit die Teilnehmer dieser Runde die kirchliche Arbeit besser einordnen können.

In der Fremde ist die Verbindung zu den eigenen Landsleuten wichtig, um sich auszutauschen und gegenseitig zu ermutigen, zumal die russische Sprachbarriere für viele problematischer ist als erwartet. Der Fabrikant fordert vom Staat, dass er mehr Entgegenkommen und Offenheit zeigen müsse, wenn neue Arbeitsplätze geschaffen würden. »Soll ich etwa dafür bestraft werden, wenn ich hier investiere?«, empört sich einer der Anwesenden. »In den anderen baltischen Ländern hätte ich das Ganze leichter aufbauen können als hier!«

Frau Trautmann ist eine sehr mutige Frau und fordert die anderen dazu auf, sofort bei den höchsten Stellen vorzusprechen und sich nicht lange bei den Vorzimmern aufzuhalten. Damit habe sie selbst die besten Erfahrungen gemacht. Tatsächlich hat der damalige Admiral der Baltischen Flotte und spätere Gebietsgouverneur Jegorow Frau Trautmann persönlich empfangen. Sie wurde sogar in Baltisk/Pillau Präsident Putin vorgestellt und ist von seinem warmen Händedruck nachhaltig angetan …

Bei den monatlichen Begegnungen im »Deutschen Wirtschaftskreis« wird aber nicht nur geklagt, sondern auch zusammen gefeiert. Die russische Gastfreundschaft wird immer wieder sehr gelobt. Was die meisten besonders schätzen, sind Einladungen zu gegenseitigen Betriebsbesichtigungen, wobei dann jeder Teilnehmer seinen finanziellen Beitrag zum gemeinsamen Essen beisteuert. Direkt »vor Ort« in den Betrieben erscheinen die Erfolge und Probleme meist in einem ganz anderen Licht.

So lädt Frau Trautmann eines Tages im Sommer 2001 die Gruppe zu einem Besuch auf den »Annenhof« ein, nördlich des Ortes Slawjanskoje/Pronitten gelegen, kurz vor der Küste des Kurischen Haffs. Von diesem Hof, den ihr Vater schon vor dem Kriege gekauft hatte, sind noch das Gutshaus und einige Wirtschaftgebäude recht gut erhalten. Seit Beginn ihres Einsatzes 1996 haben Trautmanns schon viel investiert, um die Gebäude wieder auf Vordermann zu bringen.

Früher muss das Herrenhaus von einem blühenden Garten umgeben gewesen sein. An diesem Sommerabend steigen die Gäste von der Gartenseite her die leicht geschwungene Freitreppe hinauf in den ehemaligen Salon. Wo früher vielleicht prächtige Gemälde oder Jagdtrophäen an der Wand hingen, sind jetzt viereckige Löcher zu sehen. Frau Trautmann erzählt, dass in sowjetischer Zeit hier gesellige Abendveranstaltungen mit Filmvorführungen stattfanden; hinter den Löchern standen die Projektoren. Jetzt sind im Salon Bänke und Tische aneinandergestellt, und die Gäste werden mit Salaten, Geflügelfleisch, Kuchen und Getränken bestens versorgt. Der Raum ist von Kerzen erhellt, denn eine richtige Stromversorgung steht noch aus.

Frau Trautmann berichtet über die bisherige bauliche Wiederherstellung und hat so große Zukunftspläne, dass die Gäste nur staunen können. Nach guten Gesprächen gehen viele ermutigt wieder in ihre eigene Aufbauarbeit zurück. Gemeinsam fühlt man sich stärker.

Einige Monate später jedoch verbreitet sich die Nachricht vom Brand im Annenhof. Die Ställe seien ausgebrannt, aber das Vieh sei zum Glück draußen auf der Weide gewesen. Als Ursache nennt die Feuerwehr einen Kurzschluss. Aber Frau Trautmann kann das zurückweisen, denn die elektrischen

Leitungen waren zum Zeitpunkt des Feuers noch gar nicht installiert. Sie vermutet Brandstiftung. Dies bedeutet für Familie Trautmann einen so deutlichen und deprimierenden Rückschlag in der Aufbauarbeit, dass sie von nun an keinen Cent mehr in den Annenhof stecken wollen.

Im Herbst 2002 erleidet Frau Trautmann während der Küchenarbeit einen Herzinfarkt. Sie ist allein zu Hause. Als ihr Mann zurückkommt, kann er gerade noch rechtzeitig einen Arzt verständigen. Die russische Nachbarin mit ihren 92 Jahren hilft ihr später mit alten Hausmitteln und Massage wieder auf die Beine.

Nach diesen herben Einschnitten verliert das Ehepaar Trautmann deutlich an Energie. Noch vor Einbruch des Winters 2002/2003 geben sie ihre Viehwirtschaft auf und verkaufen alle Tiere. Die landwirtschaftlichen Maschinen und Geräte stellen sie in einer Scheune ihres russischen Verwalters unter. Das Mobiliar aus dem Kolchoshaus in Slawjanskoje/Pronitten verwahrt dort einstweilen eine russische Bekannte.

Seit Ende 2002 wohnen sie wieder – aber nur im Wartestand – auf ihrem Hof im Hunsrück. Von dort aus kann man weit in die Ferne sehen, die Trautmanns behalten jedoch Ostpreußen fest im Blick. Von Resignation kann bei ihnen keine Rede sein, Krankheiten und Behinderungen wischen sie mit einer Handbewegung beiseite. Sie sehen die Zukunft der Exklave Kaliningrad in einem neuen Licht besserer europäischer und internationaler Verständigung. Nun wollen sie sich in Zukunft verstärkt um den Ackerbau auf ihrem Hof in Wysokoje/Markthausen kümmern. Saatgut und Düngemittel zu beschaffen dürfte für sie nicht schwierig sein. In ihrer Hunsrücker Scheune stehen schon weitere landwirtschaftliche Maschinen zum Transfer bereit. Nach ihrer Motivation für die Einsätze in Ostpreußen gefragt, haben sie nur diese Antwort: »Wir machen es natürlich freiwillig! Dort sind unsere Wurzeln. Wir stehen nämlich unter einem Sog zu unserer alten Heimat, dem wir uns nicht mehr entziehen können ...«

Rettung mit Russisch

Eigentlich hätte so ein feierlicher Akt in einem öffentlichen Gebäude stattfinden müssen. Aber an diesem Vormittag des 17. April 2001 sind wir zu viert vor einem ganz normalen zweistöckigen Wohnhaus aus deutscher Zeit verabredet. Es liegt in der uliza Tschekistow, der früheren Thaer-Straße. Das Klingeln an der Tür wird nichts nützen. Die Hauptperson dieses Tages lebt allein und ist schon seit vielen Monaten an den Rollstuhl gefesselt mit ihren steifen, fast gehunfähigen Beinen. Die russische Nachbarin aber ist über den bevorstehenden Besuch informiert und lässt uns herein.

Es geht um die Übergabe des deutschen Passes an Gerda Preuß. Wenige Tage nach ihrem 80. Geburtstag kann sie damit wieder an die Nationalität anknüpfen, die sie 1945 unter dem Zwang der Verhältnisse vergessen und hinter sich lassen musste. Der örtliche Vertreter der »Stadtgemeinschaft Königsberg« spricht ein paar würdigende Worte und überreicht der alten Dame das Dokument. Sie nimmt es mit einer Mischung aus freudiger Genugtuung und müder Resignation entgegen.

»Ich danke Ihnen!« Mehr bringt sie in dieser Situation nicht hervor. Aber ihr Mienenspiel lässt ahnen, dass sie vielleicht hätte sagen mögen: »Wenn das doch früher geschehen wäre! Was hätte dann aus meinem Leben werden können! Jetzt sitze ich hier in meiner Stube und bin ständig auf fremde Hilfe angewiesen. Was habe ich nun davon?«

Niemand im Raum mag das aussprechen, was wohl alle denken.

Da zieht einer eine Flasche »Schampanskoje« (Sekt) aus der Tasche. Ein Umtrunk hat schon manche angespannte Situation entkrampfen können. Die russische Nachbarin, die immer zur Hilfe bereit ist, hat ein paar Häppchen zum Essen vorbereitet, und so kommt ein aufgelockertes Gespräch in Gang.

Gerda Preuß lässt sich einige Kissen hinter den Rücken stopfen, um besser sitzen zu können. Während sie ins Erzählen kommt und die kleine Gästeschar ihre Fragen stellt, klingelt immer wieder das Telefon. Es scheint, als habe sich die Nachricht unter ihren Bekannten und Freunden schon herumgesprochen. »Das Telefon ist mein einziger Kontakt nach draußen!«, sagt Gerda entschuldigend. Mit »draußen« meint sie nicht nur Kaliningrad und Umgebung, sondern ihre Verbindungen nach Deutschland und in die weite Welt.

Gerda Preuß wird im Frühling 1921 als echtes Königsberger Kind geboren. In ihren Jugendjahren lernt sie ihre Stadt als Hauptstadt Ostpreußens kennen und lieben. Diesen Stolz auf ihre Heimat, die längst zu Russland gehört, spürt man bei ihr heute noch.

»Damals hab' ich von September 1939 bis Januar 1945 als Sekretärin in der Universität gearbeitet, im Institut für Slawistik.« Den ostpreußischen Tonfall beim Sprechen hört man immer noch deutlich heraus.

Als Gerda 20 Jahre alt ist, beginnt der Krieg mit der UdSSR, aus russischer Sicht wird er der »Große Vaterländische Krieg 1941-1945« genannt. Noch während des Kriegs stirbt ihre Mutter im Alter von nur 48 Jahren. Der Vater, der schon 1939 eingezogen wurde, lernt im Sommer 1944 bei einem Urlaub auf der Kurischen Nehrung seine zweite Frau kennen. Sie bringt zwei Kinder mit in die Ehe, die weit jünger sind als Gerda.

In den ersten Kriegsjahren herrscht in Königsberg noch Ruhe. Die einen empfinden das als beruhigende Sicherheit, die anderen als gespenstische Bedrohung. Aber dann, Ende August 1944, legen plötzlich schwere Bombenangriffe der Engländer die Stadt in Schutt und Asche. Gerda erinnert sich an die dramatische Situation, wie sie ihren damals 5-jährigen Stiefbruder aus einem Haus auf der Lomse rettete und über den brennenden Asphalt zum Pregel-Fluss schleppte.

Sie selbst mag angesichts von Leid und Tod ihre Gründe haben, dass sie sich ab Herbst 1944 aushilfsweise als Schwester in der Kinderklinik zur Verfügung stellt. Im Winter 1944/45 schleicht sie sich durch die Trümmerberge und über kleine Nebenstraßen zur Arbeit ins Kinderkrankenhaus, immer mit der Angst ums Überleben im Nacken.

Jeder Krieg zerschlägt gewachsene Strukturen, macht Ausbildungs- und Lebenspläne der Menschen zunichte. Gerda muss sich in den Kriegswirren weitgehend allein durchkämpfen. »Ich wollte nicht weg aus meiner Stadt!« Die Stiefmutter kann sich mit ihren beiden Kindern zu einem Flüchtlingsschiff durchschlagen und gelangt in ein dänisches Internierungslager, wo ihre kleine Tochter an Typhus stirbt. Gerdas Vater überlebt den Krieg, kann Frau und Sohn wiederfinden und nach Deutschland holen. Von den Schicksalswegen der Familie erfährt Gerda jedoch erst Jahrzehnte später.

Im Januar 1945 dringt die Rote Armee immer weiter nach Ostpreußen ein, bis am 9.4.1945 der letzte Widerstand der Deutschen erstirbt. General Otto Laasch unterzeichnet die Kapitulation in seinem Bunker unter dem Paradeplatz.

Deutsche, insbesondere die Frauen, werden zunehmend zum »Freiwild«. Es ist Gerdas großes Glück, dass sie schon hinreichend Russisch kann, um nicht sofort erkannt zu werden. Sie schafft es, ihre Angst zu verstecken. Bei der deutschen Firma Steinfurt-Waggonbau ist sie schon geübt im Dolmetschen zwischen Deutsch und Russisch. »Per Zufall«, sagt sie, »lernte ich 1945 eine nette russische Frau kennen, die aus mir eine Buchhalterin gemacht hat.« Zum Aufbau einer neuen sowjetischen Zivilverwaltung werden solche Fachkräfte gebraucht. Niemand weiß um Gerdas wirkliche Identität als Deutsche und gebürtige Königsbergerin.

Aber weder die Russischkenntnisse noch ihre Arbeitsstelle bewahren Gerda Preuß vor Hunger und Todesangst, schwerem Paratyphus und hohem Fieber. Ein russischer Feldwebel, der als Koch arbeitet, verhilft ihr im Schutz der Dunkelheit zu Medikamenten und besserem Essen, sodass sie langsam wieder zu Kräften kommt. Dies ist nicht der einzige Fall, bei dem sich »unten« zwischen den einfachen Leuten beider Lager wertvolle Mitmenschlichkeit und Freundschaft entwickeln, während sich »oben« die regierenden Mächte erbitterte Kämpfe liefern.

Soll sie trotzdem versuchen, nach Westen zu fliehen? Den Gedanken verwirft Gerda immer wieder. »Dann hätte ich mich ja als »Deutsche« registrieren lassen müssen. Dadurch hätte ich vielleicht einen Platz in einem der Abtransporte gefunden, aber das wollte ich nicht. Ich konnte doch genug Russisch und hatte meinen Arbeitsplatz. Außerdem hatte ich meinem Vater versprochen, dass ich hier in Königsberg auf ihn warte.« Unauffällig und mit allen Konsequenzen ist sie in die russische Umgebung eingetaucht.

1945 lernt Gerda einen russischen Kapitän kennen, in den sie sich verliebt. Bald erwartet sie ein Kind von ihm. Aber seine Mutter sträubt sich heftig gegen die junge Unbekannte. Das Baby stirbt nach drei Monaten. Bevor sie sich trennen, verhilft der Freund ihr zu einem litauischen Pass mit dem angepasst-veränderten Namen Gerda Proissinenje. Trotzdem hat sie sich nie auf Litauisch verständigen können.

Dieses neue Personaldokument bewahrt sie vor dem Schicksal unzähliger Deutscher, zur Zwangsarbeit nach Sibirien deportiert zu werden. Sie darf zwar legal im russischen Kaliningrad bleiben, andererseits erlischt dadurch automatisch und unbemerkt ihre deutsche Staatsangehörigkeit. Gerda Preuß gewöhnt sich daran, permanent hinter der russisch-litauischen Maske zu leben. In den folgenden 50 Jahren arbeitet sie als Buchhalterin, zumeist in der russischen Gebietsverwaltung.

Mit der Frau ihres Chefs verbindet sie ein freundschaftliches Verhältnis. Eines Tages äußert der Chef, seine Frau sei zu einem Erholungsaufenthalt an die Ostsee nach Otradnoje/Georgenswalde gefahren, und Gerda könne sie dort gern einmal besuchen. Dieser kleine Ausflug verschafft ihr eine Begegnung, die ihrem Leben eine neue Perspektive schenkt.

Gerda lernt dort an der Ostsee eine gleichaltrige russische Krankenschwester kennen, die von Moskau her zur Versorgung russischer Kriegsinvaliden eingesetzt ist. Sie heißt Maria. Die beiden Frauen werden schnell zu engen Freundinnen. Beide verbindet der Wunsch, den Kranken in ihrem Leid zu helfen; darüber hinaus sind sie auch beide heimatlos geworden: Die eine ist als Russin auf der alten deutschen Erde noch nicht zu Hause, während die andere erleben muss, wie ihre deutsche Heimat russisch wird. Maria gewinnt das Vertrauen von Gerda Preuß und ist die einzige Person, die von Gerdas wahrer Identität erfährt. Sie hat dieses Geheimnis ihr Leben lang für sich behalten.

1948 zieht Gerda nach Otradnoje/Georgenswalde zu Maria. Als russische Krankenschwester hätte diese zwar wieder zu ihren Angehörigen in die ferne russische Heimat zurückkehren können, aber sie bleibt in Ostpreußen, nicht zuletzt um Gerdas willen. Die beiden Freundinnen ziehen zusammen nach Kaliningrad in die uliza Tschekistow. Es ist eine freundliche Zweizimmerwohnung im Parterre mit Zugang zu einem kleinen Gärtchen. In dieser Wohnung lebt Gerda noch heute.

Maria findet dauerhaft Arbeit in der Ersten Hilfe und als Hebamme, während Gerda bis zum Alter von 75 Jahren in der russischen Verwaltungsbehörde bleibt. 50 Jahre lang haben sie das Leben gemeinsam gemeistert – ein besonderes Beispiel von persönlicher Völkerverständigung!

»1960 habe ich erfahren, dass mein Vater in den 50er-Jahren bis nach Hannover gekommen ist.«

Der Tod ihres Vaters, auf den sie in Königsberg warten sollte und wollte, wird ihr zum Meilenstein: »Da habe ich mit meiner deutschen Vergangenheit abgeschlossen.« Sie sagt das ganz nüchtern und ohne Pathos. Trotzdem freut sie sich sichtlich, dass ihr Stiefbruder nach der Wende von Deutschland aus den Kontakt zu ihr wieder aufnehmen konnte. In dem NDR-Film »Die letzten Königsberger in Kaliningrad« wurde nämlich ein Jugendfoto von Gerda Preuß gezeigt, auf dem er sie wiedererkannt hat.

Marias Tod im Jahre 1998 hat sie wesentlich stärker getroffen. Wer sie kennt, spürt auch ohne Worte, wie sehr ihr Maria fehlt. Auf die Frage, was denn Maria an ihr so geschätzt habe, sagt sie, so wie sie es von Maria hörte: »Die Gutmütigkeit, die Ehrlichkeit und den Fleiß!«

Der Zusammenbruch der UdSSR ist nicht nur eine politische Systemwende. Für die Menschen bringt es die Öffnung des Kaliningrader Gebietes in Richtung Westen. Gerda Preuß kann ihren litauischen Namen zwar noch in dem alten Pass zeigen, aber sie bekennt sich längst wieder zu ihrer deutschen Vergangenheit. Das Entstehen und Wachsen der evangelischen Gemeinde erlebt sie ab 1991 intensiv mit. So lange ihre Füße sie dorthin tragen, nimmt sie an den Gottesdiensten teil.

Aber auch in der Einsamkeit ihrer kleinen Wohnung wird es zunehmend unruhig. Die westlichen Medien haben im Kaliningrader Gebiet die wenigen dagebliebenen Deutschen längst aufgespürt, interviewt, fotografiert und gefilmt. So wie Gerda Preuß geht es auch Maria Krawtschuk, Elvira Seroga und Heinz Godau. »Wir sind komische Exoten«, sagen sie übereinstimmend, »nur weil wir so gelitten und trotzdem überlebt haben, holen sie uns jetzt aus der Versenkung!«

Bei meinem Besuch im Sommer 2005, vier Jahre nach der Übergabe des deutschen Passes, erzählt Gerda dies alles aus ihrem bewegten Leben. Von der russischen Nachbarin wird sie nach wie vor liebevoll betreut. Nach unserem langen Gespräch legt sich Gerda erschöpft zurück in die Kissen. Ihr Blick geht nach draußen in das Gärtchen. »Sehen Sie mal, wie der Sturm der letzten Tage das schöne Apfelbäumchen umgelegt hat!« Sie zeigt auf die vielen reifen Klaräpfel, die an den Zweigen zwischen dem noch frischen Laub hängen geblieben sind. Dann bittet sie mich, einen Korb zu nehmen, die Äpfel abzupflücken und hereinzubringen. »Nehmen Sie doch ein paar davon mit, als Gruß aus der Heimat!«

Ich werde von diesem Besuch noch mehr als ein paar ostpreußische Äpfel mitnehmen. Draußen vor dem umgefallenen Baum bleibe ich unwillkürlich länger stehen. Mit diesem Baum verdirbt auch seine Frucht, wenn sie keiner erntet. Genauso haben auch Menschen ihre Früchte in Gestalt ihrer Leistungen und Lebenserfahrungen, die sie weitergeben. Von solcher »Ernte« ist genug da, sie muss nur eingebracht und genutzt werden.

Dieser Apfelbaum ist im Sommer 2005 ein Opfer des

Orkans geworden. Andere Bäume haben den Sturm überstanden, wenn auch zerzaust, verbogen oder angebrochen. Der Baum hier im Garten ist jetzt völlig entwurzelt, es gibt kein Zurück mehr. Aber der Platz ist frei, und der Boden ist gut, sodass man an dieser Stelle wieder einen neuen Apfelbaum pflanzen könnte. Martin Luther hätte es sogar dann getan, wenn er wüsste, dass morgen die Welt unterginge!

Die Frau mit den goldenen Händen

Die Erdgeschosswohnung in diesem alten deutschen Haus wirkt unauffällig. Kein Schild außen an der Hauswand, nur ein kleines rundes Klingelknöpfchen oben am Türrahmen.

»Setzen Sie sich! Es dauert noch einen kleinen Moment!« Das sagt auf Deutsch eine ältere Frau, die sich als Mitarbeiterin der Gemeinde zu erkennen gibt. Hinter der verhängten Glastür, die früher einmal ins Wohnzimmer führte, hört man zwei Frauen leise sprechen. Kurz darauf öffnet sich die Tür, eine Dame mittleren Alters tritt strahlend in den Flur. »Danke! Das hat mir sehr gut getan, Lida! Ich könnte fast wieder Bäume ausreißen!« Das sagt sie auf Russisch, vereinbart für den übernächsten Tag einen neuen Termin und verlässt froh und beschwingt die Wohnung.

Lida freut sich über das Lob. Sie geht in das kleine Bad hinüber und wäscht sich die öligen Hände. Durch die offen stehende Tür sieht man einen langen, stabilen Wohnzimmertisch, auf dem mehrere Wolldecken ausgebreitet sind mit einem großen Badetuch obenauf. Lida bittet den zuletzt eingetroffenen Gast hinein.

Da sind Mitarbeiter der Gemeinde, denen das Kreuz, der Nacken und der Rücken schmerzen – verursacht durch die seelischen und körperlichen Anstrengungen des Lebens in dieser Stadt, durch die langen Fahrten über Land, auf holperigen Straßen voller Schlaglöcher. Und da ist Lida, ein Mitglied der Gemeinde, die sich darauf versteht, durch gezielte Massage die Schmerzen in ihren Griff zu bekommen. Durch ihre langjährige Erfahrung als Krankenschwester ist sie mutig genug, auch in akuten Fällen helfend einzugreifen.

Das besagte »Behandlungszimmer« ist der allgemeine Versammlungs-, Konferenz-, Bibliotheks-, Bastel- und Chorprobenraum der jungen evangelisch-lutherischen Gemeinde Kaliningrad. Der Pastor führt hier manches seelsorgerliche Gespräch. Gelegentlich übernachten auch Gäste im Schlafsack. Platzmangel herrscht überall, und so wird auch dieser Raum vielfältig genutzt. Wenn es akute Nachfrage nach ihrer wohltuenden Kopf- und Rückenmassage gibt, kommt Lida mit der Straßenbahn herbei und hilft nach besten Kräften. Denn die hat sie in ihren so genannten goldenen Händen.

Wer ist diese Frau, die so rasch zur Stelle sein kann und dabei so souverän und energisch auftritt?

Lida ist ein Nachkriegskind des Jahres 1946. In Kasachstan geboren, verlebt sie dort glückliche Kinderjahre im Haus ihres russischen Großvaters. Er ist ein gläubiger orthodoxer Christ und lehrt das kleine Mädchen beten. Lidas Vater Nikolai (Jahrgang 1917) wächst in den Wirren nach der russischen Revolution auf, arbeitet als Traktorist in einer Sowchose, kämpft im Zweiten Weltkrieg als Soldat an der finnischen Front und gegen Deutschland, wird mehrfach verwundet und kehrt 1945 als Invalide heim.

Immer wieder hat er sein eindrücklichstes Kriegserlebnis erzählt. Das war, als er in den Ruinen Berlins eine hungernde deutsche Frau mit einem Kleinkind auf dem Arm erblickte. Er glaubte sich unbeobachtet und steckte ihr aus Mitleid rasch einen Brocken Brot und ein Stückchen Seife zu. Aber ein anderer russischer Soldat hatte es doch gesehen und wollte den »Kameraden« auf der Stelle erschießen. »Zufällig« kam der Kommandant hinzu, schimpfte zornig seine beiden Soldaten aus und verhinderte so in letzter Minute den tödlichen Schuss.

Gleich nach Kriegsende heiratet Lidas Vater in Kasachstan ein russlanddeutsches Mädchen. Lida ist das älteste von vier Kindern der Familie. Über ihre Mutter sagt sie: »Sie war gezeichnet vom Terror der Stalinzeit, hat Flucht, Zwangsarbeit und Typhus erlebt. Auch wenn sie schwach an körperlicher Kraft war, sie hatte doch einen starken Glauben, dass Gott ihr hilft.« Als Zehnjährige erfährt Lida bei einem Verwandtenbesuch, dass ihre Mutter eine Deutsche ist. Diese unbeabsichtigte Information muss in der Familie streng geheim bleiben, da die Deutschen in sowjetischer Zeit mit vielen Repressalien, oft sogar mit Verschleppung nach Sibirien zu rechnen haben, wenn ihre Identität bekannt wird. Als es um die Ausstellung der ersten Personaldokumente geht, rät der Vater seinen Kindern daher: »Lasst auf jeden Fall als Nationalität ›russisch‹ eintragen, sonst habt ihr in diesem Staat keine Zukunftschancen!« Diese Entscheidung wird im Leben der vier Kinder noch zu bitteren Erfahrungen führen.

Lida heiratet im Alter von 20 Jahren. Ein Jahr später wird ihr einziges Kind, ein Sohn, geboren. Nach dem frühen Tod ihrer Mutter sieht sich Lida für die verbliebene Familie in die Pflicht genommen. Sie bricht ihre in Taschkent begonnene medizinische Ausbildung ab und kümmert sich stattdessen um die jüngeren Geschwister, den arbeitsunfähigen Vater und ihr eigenes Kind. Um zusätzlich etwas Geld zu verdienen, nimmt sie jede sich bietende Arbeit an. Nebenher macht sie abends Fortbildungen für Krankenpflege, insbesondere für Massage. In der Hoffnung auf bessere Zeiten folgt ihr die ganze Familie nach Taschkent, der Hauptstadt Usbekistans.

Eines Tages gerät Lida an ihrem Arbeitsplatz als Krankenschwester in eine folgenschwere Krise. Sie ist in der radiologischen Abteilung einer Krebsklinik tätig, wo die Kranken als Therapiemaßnahme Kobaltbestrahlungen erhalten. Wie geschult das Personal, wie geprüft die Geräte, wie bekannt die Sicherheits- und Verhaltensregeln sein mögen – das alles nimmt man auch gegen Ende der 80er-Jahre noch nicht so genau. Als an einem Bestrahlungsapparat ein Defekt eintritt und kleine patronenähnliche Elemente herausfallen, versucht Lida rasch mit bloßen Händen alles aufzulesen und den Apparat wieder in Gang zu setzen. Was sie nicht weiß: Sie hat strahlendes Material angefasst!

Dann geht alles rasend schnell: Erste Anzeichen sind Übelkeit und Erbrechen, Kopfschmerzen, ein schlechtes Blutbild und allgemeine Schwäche. Die höchst gefährliche Verstrahlung lässt sich sofort nachweisen. Lida verliert den Arbeitsplatz, wird isoliert.

Versicherungen und Entschädigungen zugunsten solcher Opfer haben in der damaligen UdSSR Seltenheitswert – erst recht, wenn es um die so genannten kleinen Leute geht. Wer keine Beziehungen hat, geht als unauffälliges Menschenopfer unter.

Ein Freund der Familie verhilft Lida dank seiner KGB-Kontakte zu einer »Kur« auf einem großen Schiff, das in den nördlichsten Gewässern des Atlantiks und im Nordpolarmeer kreuzt. Nur eine Kältetherapie mit Temperaturen bis minus 40°C, so heißt es, könne das Wachstum der vorhandenen Krebszellen aufhalten, nicht aber der Verbleib in den heißen Sommern Taschkents.

Lida lebt anderthalb Jahre (von 1989 bis Mitte 1990) auf dem Schiff. Größere Schädigungen werden danach bei ihr nicht mehr festgestellt. Als rechte Hand des Schiffsarztes kann sie unter den Mitreisenden weiter als Krankenschwester tätig sein und so ihren eigenen Therapie-Aufenthalt durch Arbeit »bezahlen«. Es bleibt nicht aus, dass sie beim Anlaufen von Häfen in Nordamerika, Kanada und England den Hauch von westlicher Freiheit zu spüren bekommt.

Während der langen Schiffsreise ist ihr ein Erlebnis bei einem Landgang in Irland sehr wichtig geworden: Im Hafen schenkt ihr nämlich eine unbekannte Frau eine russische Bibel. »Ich wusste, dass dieses Buch auf unserem sowjetischen Schiff niemand entdecken durfte, sonst hätte ich wohl mein Leben verloren.« Die Angst vor Kontrollen begleitet Lida nun ständig, aber es gelingt ihr, die Bibel als wertvollen Besitz durch alle Schwierigkeiten hindurch zu retten.

Die lange Trennung von ihrer Familie bleibt nicht ohne Folgen. Lidas Ehemann greift immer öfter zur Flasche, wird schließlich zum Alkoholiker. Beim Erzählen muss sie manche Tränen wegwischen. »Es kam noch schlimmer! Viele unserer Verwandten durften nämlich ab 1989 nach Deutschland auswandern, weil in ihren Pässen ›deutsch‹ stand. Nur meine engste Familie musste zurückbleiben, weil dort als Nationalität ›russisch‹ angegeben war, jene Eintragung, auf die mein Vater so großen Wert gelegt hatte.«

Lidas Unzufriedenheit steigert sich noch, als sie nach der langen »Weltreise« in ihre häusliche Misere zurückkehrt: Die Wohnung ist viel zu eng, es gibt immer neue Versorgungsengpässe, sie findet keine angemessene Arbeit, und ihr Ehemann reagiert verständnislos oder ablehnend.

»Als die UdSSR zusammenbrach, waren wir alle sehr unsicher und geschockt. Der Staat hat uns um viele wertvolle Lebensjahre betrogen!« Das sowjetische Rechtssystem droht im Chaos zu versinken, eine neue Rechtssicherheit gibt es noch nicht. Lida erfährt, wie staatliche Wohnungen heimlich weiter überschrieben werden, in der Regel allerdings nur an Einzelpersonen. Dass sie unter diesen Umständen die fiktive Scheidung von ihrem Mann erreicht, bringt ihr zunächst neuen Handlungsspielraum ein. Später folgt die rechtskräftige Trennung.

Im Sommer 1991 macht sie sich allein auf, irrt durch mehrere russische Städte auf der Suche nach einer Existenz. »Was sollte ich denn machen? Wir hatten alle nur Angst, wie wir weiterleben könnten!«

Gleich nach dem Zusammenbruch der UdSSR lösen sich viele ehemalige Republiken aus dem »eisernen Gürtel«, werden souveräne Staaten und entwickeln ihren eigenen harten Nationalismus. Wer sich nun als »deutsch« oder »russisch« bezeichnet, riskiert in einigen Staaten – etwa in Kasachstan, Usbekistan oder Kirgistan – schwere Repressalien. Die »Deutschen« siedeln in großer Zahl nach Deutschland aus. Lida als »Russin« hat diese Möglichkeit nicht, obwohl das ihr sehnlichster Wunsch ist. So stößt sie auf ihrem eigenen Weg nach Westen – auf die Exklave Kaliningrad.

Diese Stadt im äußersten Westen des russischen Machtbereichs erscheint zu Beginn der 90er-Jahre für Russlanddeutsche sehr verlockend – nicht zuletzt, weil die deutsche Bundesregierung finanzielle Hilfen verspricht und für die Ansiedlung im Kaliningrader Gebiet wirbt. Auch Lida lässt sich locken. »Wir hatten gehört, dass das Gebiet früher deutsch war, deshalb wollten wir gern dorthin auswandern!« Positive Gefühle im Blick auf eine neue Heimat. Unterwegs ahnen sie noch nicht, wie viele Barrieren und Stolperstellen ihnen dort den Weg verstellen werden.

Kaliningrad, die Stadt, die immerhin 1200 Kilometer von Moskau entfernt ist und mit »nur« 600 Kilometern schon so nahe an Berlin liegt, war seit 1946 militärisch-hermetisch abgeriegelt. Als Lida 1991 in dieses Gebiet kommt, findet sie nahezu gesetzlose Verhältnisse vor. Nach längeren Irrwegen kommt sie schließlich in Polessk/Labiau in einem nur 24 Quadratmeter großen Häuschen bei einer verwitweten älteren Frau unter, mit der sie sich gut versteht. »Die Babuschka (russ. Großmutter) hat erlaubt, dass alle meine Familienangehörigen nachkommen dürften. Sie hat uns bei den Papieren geholfen.« Lidas alter Vater, der als Kriegsveteran und Invalide auf eine staatliche Entschädigung gehofft hat, wird überall abgewiesen und ist darüber bitter enttäuscht. Er stirbt 1995 nach einem Schlaganfall.

Zur Sicherung der Grundversorgung werden in dieser Zeit so genannte Voucher (vorausbezahlte Gutscheine) an die Bevölkerung ausgegeben. »Wir als große Familie mit 10 Personen konnten mit unserer Zuteilung gerade eine Woche leben; aber die Voucher sollten ja für den ganzen Monat reichen«, erinnert sich Lida. »Ich habe überall nach bezahlter Arbeit gesucht, aber auf dem Lande in Polessk war alle Mühe umsonst.«

Andere in der russischen Gesellschaft, die nicht mehr am Hungertuch nagen, entwickeln mit den Gutscheinen einen schwunghaften Handel und betreiben Spekulationsgeschäfte. »Unter der Hand« lassen sie die Preise rapide steigen. Die materielle Not, Angst und Unwissenheit der kleinen Leute werden kräftig ausgenutzt. Aus solchen kleinen Anfängen und begünstigt durch Gesetzeslücken entsteht im Lauf der folgenden Jahre eine neue, kapitalkräftige Gesellschaftsschicht: die »Neuen Russen«.

Lida findet schließlich Arbeit als Masseurin in einem Kaliningrader Krankenhaus, muss aber nach zwei Monaten schon wieder aufhören, weil man ihr erklärt, sie habe wegen ihrer usbekischen Herkunft keinen Anspruch auf eine Unterkunft. Eines Tages erfährt sie von einer Patientin, dass Straßenfeger leichter eine Wohnung vermittelt bekommen.

Lida wechselt kurz entschlossen in diesen für sie neuen Job, wo sie in kurzer Zeit bis zur »Chefin« über ein Revier von 14 Straßen aufsteigt. »Sie versprachen mir eine menschenwürdige kleine Mietwohnung. Aber sie haben mich lange, lange warten lassen!«

In Kaliningrad muss man sich bisher noch für eine Wohnung registrieren lassen. Seit der Wende befindet sich aber die gesamte Wohnungswirtschaft im Umbruch von der Registrierungspflicht zum Spiel der Kräfte auf dem »freien« Markt. Und dieser Umbruch wird auffällig von Korruption begleitet, wenn nicht sogar gesteuert. Wer Geld hat, kann sich auch die Registrierung kaufen bzw. sich davon freikaufen.

Die Straße war schon immer ein Ort der Begegnung und bot Gelegenheit zur Kommunikation unter den Menschen. Das gilt auch für Lida in ihrer nahezu aussichtslosen Lage als Straßenfegerin. Sie lernt Leute kennen, die sich mit Krankheiten und Behinderungen herumschleppen, und hilft ihnen mit Rat und Tat weiter.

Eines Tages lässt eine einflussreiche Frau aus »gehobenen Kreisen« Lida wissen, wie sehr sie ihre Massage schätzen gelernt hat. Aus Dank verhilft sie ihr zu einer Einzimmerwohnung mit Küchenzeile, winzigem Bad und schmalem Flur. Obwohl es sich um eine Werkswohnung handelt, wird Lida offiziell dafür registriert, denn schließlich ist sie als »Chefin« gerade im Bereich dieser Fabrik für die Straßenreinigung zuständig. »Hier können Sie dauerhaft wohnen bleiben«, verspricht man Lida beim Einzug, und alle ihre Angehörigen verlassen sich darauf. Die Familie kommt nach, sogar ihr Ex-Mann zieht von Usbekistan nach Kaliningrad und profitiert von Lidas Tatkraft.

Beim Straßenfegen gibt es zwar wenig Lohn, aber relativ viel freie Zeit. Lida nutzt sie aus und sucht nach der evangelisch-lutherischen Kirche, die sie von ihrer verstorbenen Mutter her kennt und von deren junger Existenz in Kaliningrad sie gehört hat. Sie findet die Kirche – von außen nicht erkennbar – in einer Dreizimmer-Wohnung im Parterre eines ehemaligen deutschen Wohnhauses in der uliza Krasnaja. Hier stößt Lida nach so vielen Enttäuschungen in ihrem Leben wieder auf Menschen, denen sie Vertrauen schenkt. Sie lässt sich zu den Gottesdiensten ins Kino »Pobeda« mitnehmen, das die Gemeinde sonntags stundenweise anmieten kann.

Dass sie sich gern einen Teil ihres Lebensunterhaltes durch Massage verdienen möchte, spricht sich in der Gemeinde bald herum. Eine Reihe zufriedener »Patienten« sind die beste Werbung für Lida.

Aus einem Gespräch mit einer guten Bekannten erfährt sie eines Tages, dass die Ärzte ihrer kleinen Tochter durch falsche Kombination von Medikamenten einen schweren Schaden zugefügt haben. Durch Muskelschwund werde sich das rechte Bein nicht mehr normal entwickeln können. Welch eine bedrückende Perspektive: nur noch ständig anzupassende Krücken könnten dem Mädchen das Stehen und Laufen ermöglichen! Lida empört sich: »Das kann ich so nicht hinnehmen! Ich will es mal mit ganz gezielter Massage versuchen!« In mehrmonatiger Arbeit erreicht sie, dass die Durchblutung der Muskulatur wieder in Gang kommt und damit die Beweglichkeit wiederkehrt. Jahre später trifft Lida die Mutter des Mädchens auf der Straße und erfährt zu ihrer großen Freude, dass die Kleine von damals keine Behinderung zurückbehalten hat.

Nichts hilft bekanntlich so sehr zum Erfolg wie der Erfolg selbst. In Russland aber sind viele Wege zum Erfolg mit Stolpersteinen gepflastert und stecken voller Tücken und Hindernisse. Hinter der versprochenen Werkswohnung verbirgt sich der »Aufstieg« in ein oberes Stockwerk eines Plattenbaus. »Die Wohnung ist für uns fünf Personen (mein Sohn mit Frau und Kind, mein Ex-Mann und ich) äußerst eng. Wir haben nur ein einziges Zimmer. Tagsüber stapeln wir Matratzen auf dem Küchen-Oberschrank, und auf dem Fußboden direkt hinter der Eingangstür muss auch einer schlafen!«

Der zunehmende Alkoholismus ihres Ex-Mannes wird zur extremen Belastung für alle. Aus Mitleid kann und darf Lida ihn nicht auf die Straße setzen, erst recht nicht zur Winterszeit. Die Familie gerät in eine schwere Zerreißprobe.

Für Lida bleibt nach vielen Tränen nur die Flucht nach vorn. Über die Bekanntschaft zu manchen Deutschen, die in dem neuen Kaliningrader Kirchenzentrum haupt- oder ehrenamtlich arbeiten, wird sie mehrmals für einige Wochen nach Deutschland eingeladen. Zum Dank hilft sie manchem schmerzenden Rücken wieder zur Beweglichkeit. Aber das zeitlich begrenzte Visum zwingt sie unerbittlich zurück in die häuslichen Verhältnisse in Kaliningrad.

Mittlerweile konnte Lida mit ihren »goldenen Händen« so viel erwirtschaften, dass es zum Kauf eines kleinen Gartenhäuschens aus deutscher Zeit am Stadtrand reicht.

»Kommt doch mal zu Besuch«, bittet Lida uns wiederholt. Im Sommer 2005 ist es so weit. Als sie erfährt, dass wir eine große Reisegruppe von 50 Personen bei uns haben, lässt sie sich davon kaum beeindrucken: »Die können alle mitkommen!« Sie meint es ganz ehrlich. Unsere Reiseteilnehmer sind verlegen und sprachlos, willigen dann aber ein. Ein Schuss Neugier ist auch dabei.

Lida eilt über Schleichwege voraus, der große Reisebus muss sich seinen eigenen Weg suchen. Die Schlaglöcher auf diesem »Fahrweg« zwischen den Datschen sind furchterregend. Der Busfahrer droht uns mit Klagen, wenn sein

Fahrzeug Schaden nehmen sollte. Als ein russischer Linienbus entgegenkommt und die großen Pfützen mit gekonntem Schwung durchquert, fasst der deutsche Fahrer auch wieder Mut.

Hinter den Zäunen der benachbarten Datschen recken sich die Hälse. So einen eleganten Bus hat man in diesem Gartengelände noch nie gesehen. Nicht weniger erstaunt sind die Passagiere, die von ihren hohen Luxussitzen aus weit nach rechts und links in die Grundstücke hineinsehen können.

»Ich glaube, die Leute wohnen dauernd hier in den Gartenhäuschen!«, staunt eine Frau.

»Auch im Winter?«, fragt eine andere.

»Erstaunlich, wie gut die Obstbäume hier tragen!«

Lidas Grundstück ist leicht zu erkennen an dem noch ziemlich neuen Zaun aus hellen hohen Brettern. Auf solche aufgeweichten Wege wie hier sind unsere Reisenden wenig eingerichtet, aber sie fügen sich neugierig in das Abenteuer. Sie holen die Picknickbeutel heraus, die das Hotel für die Tagestour mitgegeben hat. Im hinteren Teil des Gartens sehen wir Lida wirken, wie sie verschiedene Holzklötze mit Brettern verbindet, um Sitzgelegenheiten zu schaffen.

Die Gäste fassen tatkräftig mit an. Über einen Haufen alter Balken wird schnell eine Plastikplane gebreitet, sodass eine Art Tisch entsteht. Die ältesten Gäste und die Gehbehinderten bekommen einen Platz in der »Laube« angeboten – eine Plastikfolie, die auf vier Bohnenstangen ruht. Sonnenblumen und Margeriten bilden eine hübsche, sommerliche Kulisse. Draußen neben dem Eingang in das Häuschen steht das meist fotografierte Objekt des Tages: ein weißes Porzellanwaschbecken, auf ein Nachtkonsölchen montiert, in dem sich unten der auffangende Eimer befindet. Die Wasserzufuhr ist nicht weniger kurios-genial: An die Rückwand des

Konsölchens wurde ein hoch herausragendes Gestänge genagelt, an dem ein normaler Plastikeimer festgemacht ist. Durch ein Loch in seinem Boden hat Lida geschickt einen kleinen Gummischlauch geführt. Wenn man den Schlauch kurz nach oben stößt, fließt Wasser, sodass Lida beidhändig arbeiten kann. Die Installation ist Badezimmer und Spülküche zugleich.

Wenn sie genügend Geld gespart hat, will Lida den Brunnen aus deutscher Zeit mit einer elektrischen Pumpe versehen. Bis jetzt hilft sie sich mit dem Eimer, der an der Handkurbel in die Tiefe gleitet. Die Stimmung unter den Gästen ist prächtig. Lida wirbelt aufgeregt zwischen ihnen hin und her, lässt die Leute in kleinen Gruppen einen Blick ins Innere des Häuschens werfen. Aus einem Ziegelkarree im Zentrum des Raumes ist ein Ofen Marke Eigenbau entstanden.

Unser Busfahrer draußen vor dem Grundstück ist wohl auch neugierig, lässt sich aber trotz Lidas Einladung nicht von der Bewachung seines Wagens weglocken. Man kann ja nie wissen …

Viel später als gedacht kehrt die Reisegruppe von diesem spontanen Besuch »auf der Datsche« zurück. »So etwas muss man mal gesehen haben«, resümiert einer. »Im Hotel sind wir doch wie im goldenen Käfig!«

Viel Geduld wird Lida noch brauchen, bis das Häuschen zur richtigen Wohnung eingerichtet ist. Dabei vertraut sie nicht nur ihrer eigenen Kraft, sondern auch der Verbindung zur Gemeinde, von der sie selbst sagt: »Mir gefällt sehr, wenn der Pastor ganz einfach Mensch geblieben ist und den Mitmenschen helfen kann. In den Gruppen der Gemeinde beraten wir uns gegenseitig, wie wir uns das Leben leichter machen können. Meine Rente ist klein, das meiste Geld stecke ich in dieses Häuschen. Ich bin froh, wenn es über die Kirche gelegentlich Kleidungsstücke aus der humanitären

Improvisation ist alles: Lida am Brunnen

Hilfe gibt. Mein Gebet ist, dass Gott mir Geduld zum Weiterleben geben möchte.«

Lida sagt von sich auch, sie sei wie in einem Käfig gefangen. Den Prüfungstest für Deutsch, den die deutsche Botschaft für Ausreisewillige fordert, hat sie nicht bestanden. Einen Wiederholungsversuch gibt es nicht. Sie hat zwar ihren russischen Familiennamen schon abgelegt und sich gegen Geld den deutschen Mädchennamen ihrer Mutter erkauft. Trotzdem kann sie nicht mehr ändern, dass in ihrem Pass unwiderruflich »russisch« eingetragen ist.

Begegnung im Zollhäuschen

Es war schon eine unangenehme Geschichte, die ich in meinem Buch »Störche kennen keine Grenzen« (S. 98/99) erzähle:

Eine rheinische Reisegruppe hat Ende Juni 2004 einen Tagesausflug von Elbing nach Kaliningrad geplant. Sie sind 30 Personen und wollen mit einem Tragflächenboot im Hafen ankommen. Es war schon monatelang verabredet, dass ich sie an diesem Nachmittag durch die Stadt führen soll. Als nun einer der Teilnehmer kurzfristig absagen muss, springt eine andere Person aus der Gruppe spontan für ihn ein. Weil diese neue Mitreisende aber nicht namentlich auf der gedruckten Liste erscheint, darf sie trotz ihrer gültigen Papiere das russische Hafen-Zollhäuschen nicht verlassen. Sechs Stunden lang – bis zur Wiederausreise der Gruppe – wird sie in »russischer Gefangenschaft« bewacht!

Die »Störche« werden daraufhin selbst zu »Briefträgern« und haben dafür gesorgt, dass diese Episode nachträglich in einem anderen Licht erscheint. Die Tages-Gefangene von damals ist mit ihrer Gruppe wieder nach Hause gefahren. Ein knappes Jahr später fliegen ihr in einem Päckchen die »Störche« zu, die keine Grenzen kennen, und sie liest die Geschichte ihrer »russischen Gefangenschaft«. Nein, denkt sie, so deprimierend ist dieses Erlebnis wirklich nicht gewesen! Das muss ich Frau Wolfram mitteilen. Es ist doch ganz anders ausgegangen …

Folgendermaßen hat sich die Geschichte also zugetragen: Die »gefangene« Reisende wird in dem Kontrollhäuschen von einer jungen russischen Zollbeamtin bewacht. Sonst ist niemand dabei.

Während alle anderen aus ihrer Reisegruppe zur Stadtbesichtigung unterwegs sind, ergibt sich für die beiden Frauen eine groteske Situation: Ein offensichtliches Delikt liegt nicht vor, es herrscht weder Krieg noch Fluchtgefahr, draußen ist schönster Sonnenschein. Dienstpflicht in Uniform gegenüber Reiseneugier in Sommerkleidung. Angespanntes Warten und Sprachlosigkeit auf beiden Seiten. Das kann niemand lange aushalten. Vielleicht ist es das schöne Wetter, auf das sie sich in der Hitze des Zollhäuschens mit Gesten und durch Blicke gegenseitig aufmerksam machen. Vielleicht hat die Beamtin daraufhin die Tür zur Flussseite geöffnet; die »Gefangene« wird wohl kaum ins Wasser springen und wegtauchen. Unversehens wird nun das Sprechen mehr und mehr zum Vermittler zwischen den »Fronten«. Was die junge Russin in ihrer Sprache meint, versteht die Deutsche zwar kaum. Die wiederum versucht es umgekehrt, auch ohne spürbaren Erfolg. Englische und französische Wortfetzen fliegen durch den Raum, beide Frauen nehmen Hände und Füße zu Hilfe. Die anfängliche Steifheit weicht einem herzlichen Gelächter. Sie holen Papier und Bleistift heraus, zeichnen ihre Sprechabsichten als Strichmännchen und irgendwelche Symbole auf, lachen laut – und unterhalten sich bestens. Die Stunden der »Gefangenschaft« vergehen wie im Fluge.

Im Lauf des Nachmittags erfährt die deutsche Frau, dass die junge Russin verheiratet ist und einen sechsjährigen Sohn hat, der unter Asthma leidet. Die Zollbeamtin dürfte dabei kaum gemerkt haben, dass ihr Gegenüber von Beruf Ärztin ist. Noch bevor das Tragflächenboot zur Rückfahrt anlegt, erhält die Deutsche die Adresse ihrer »Bewacherin« auf einem Zettel mit einigen Zeilen in kyrillischer Schrift. Nach der Stadtbesichtigung besteigt die Gruppe das Schiff, und ich erfahre von der »Gefangenen«, dass sie sich inzwischen gut amüsiert habe. Beim Abschied kann ich ihr das nicht recht glauben.

Der Zettel mit der Anschrift und den kyrillisch geschriebenen Zeilen ist der Ärztin im Trubel der Rückkehr abhanden gekommen. Sie erinnert sich nur noch, dass sie »Ludmilla« heißt. Und das Asthmaleiden des Jungen ist ihr als Ärztin auch im Gedächtnis geblieben.

Eines Tages im Spätherbst 2005 kommt ein kleines Päckchen bei uns in Hannover an. Es enthält zwei Medikamentenschachteln und einen auf Russisch geschriebenen Brief an »Ludmilla beim Zoll in Kaliningrad«. Sie habe erst suchen müssen, erklärt mir die Ärztin in einem Begleitbrief, bis jemand ihre Gedanken auf Russisch zu Papier brachte. Und nun sei ihre Bitte, ob ich nicht eine Person wisse, die jene Ludmilla vom Zoll ausfindig machen könne.

In jenen Tagen ist gerade eine Russlanddeutsche aus Kaliningrad (Lida, die »Frau mit den goldenen Händen«) bei uns zu Besuch in Hannover. Die Geschichte wirkt auf sie wie ein langer, spiralförmiger Lauf, der zu einem guten Ende führen könnte. Sie übernimmt es mit Begeisterung, besagte Ludmilla in Kaliningrad zu suchen und ihr die Medikamente persönlich zu überbringen.

Im Januar 2006 trifft telefonisch Lidas erste Erfolgsmeldung ein: »Diese Ludmilla habe ich gefunden!« Allerdings habe Ludmillas Mutter das Gespräch geführt. Es sei für eine Zollbeamtin doch etwas problematisch, mit Ausländern persönlichen Kontakt zu pflegen. Aber die Mutter wolle sich darum kümmern, dass die Ärztin in Deutschland eine Antwort bekomme.

»Siehst du«, sagt Lida schmunzelnd, »wenn die russischen Einreisevorschriften nicht so grimmig-scharf wären, hätte es diese interessante menschliche Begegnung wohl gar nicht gegeben. Und es bleibt dabei, dass nur die Störche keine Grenzen kennen …«

»Der Hilfstransport ist angekommen!«

Zu Fuß durch das heutige russische Domnowo (früher Domnau) zu laufen, ist wie das Blättern in einem alten Geschichtsbuch mit zerfledderten oder herausgerissenen Seiten. Am Marktplatz steht nur noch ein einziges Haus, fast verwachsen mit einer uralten Dorflinde, die allen Stürmen standgehalten hat. Wo früher seitwärts am Hang hinauf alles dicht bebaut war, beherrscht heute eine große silbrige Leninbüste die Szene. Ein kleines Rosenbeet vor dem Sockel ringt zwischen viel Unkraut ums Überleben, genau wie Lenin selbst.

Doch an höchster Stelle des Ortes thront wie auf einem Burgberg die alte Ordenskirche aus dem 14. Jahrhundert. Wie durch ein Wunder wurde sie vom Krieg äußerlich nahezu verschont, aber die Bausubstanz hat in sowjetischer Zeit sehr gelitten. Statt einer angemessenen Stufenreihe zum Gotteshaus sind noch Reste eines betonierten Zufahrtsweges zu erkennen, auf dem die Getreidewagen direkt in die Kirche einfahren konnten. Der Innenraum war nämlich das zentrale Lager einer großen Kolchose, die den bedeutsamen Namen »Pobeda« (Sieg) trägt. Der alte Friedhof rund um die Kirche ist dagegen nur noch ein verwahrloster Schrottabladeplatz.

Wer als Heimatvertriebener hierher zu Besuch kommt, resigniert – oder hilft. So erhielt die Kirche aus Mitteln der »Gemeinschaft evangelischer Ostpreußen e.V.« zur Sicherung ihrer Bausubstanz ein neues Dach, und im Turm wurde ein kleiner Raum als Kapelle hergerichtet. Diese Kirche, wie viele andere im Kaliningrader Gebiet, sucht ihre Zukunft zwischen kommerzieller Nutzung, Gotteshaus oder dem Verfall zum Steinbruch. Machtfragen um die Nutzung der einigermaßen erhaltenen Kirchen werden oft zum Reizthema, nicht nur in Domnowo.

Beim Kriegerdenkmal brachte man mit deutsch-russischer Inschrift eine Gedenktafel für den Frieden an: WIR GEDENKEN UNSERER TOTEN. Am Fuße des Kirchenhügels verläuft im Bogen die alte Straße mit ihren dicken buckligen Findlingssteinen, auch »Katzenköpfe« genannt. Jedes Fahrzeug muss zwangsläufig im Schritttempo fahren. Alt-Domnau zeigt hier ein besonders düsteres Gesicht: die paar übrig gebliebenen Häuser aus deutscher Zeit sind grau und verwahrlost. Vom Bürgersteig aus kann man direkt in einige offene Türlöcher hineinsehen; offenbar wohnen hier noch Menschen. Das alte Schloss existiert nicht mehr. »Mühlenwerke«: diese fast verblichene Schrift ist noch oben an der Wand eines hohen Ziegelgebäudes zu lesen. Das Nebengebäude ist als lebensgefährliche Ruine vor ein paar Jahren nach einem Brand ganz abgerissen worden.

Das alte Domnau war ein hübsches Städtchen, umgeben von wogenden Getreidefeldern in anmutiger Hügellandschaft. Ein großes zweistöckiges Speichergebäude mit seiner langgezogenen Laderampe ist ein weiterer Zeuge der einst blühenden Landwirtschaft. Einige Schritte weiter unübersehbar das russische Denkmal für die »Helden des Großen Vaterländischen Krieges 1941-1945, denen ewiger Ruhm gebührt«. Hier ziehen täglich die Kinder vorbei, denn das Schulgebäude aus der Vorkriegszeit ist großenteils erhalten geblieben.

Die ehemalige Bahnhofstraße ist zu einer malerischen Lindenallee verwachsen, aber den »Bahnhof« findet nur noch der Kenner unter hohen Büschen und von Wildwuchs überwucherten Steinhaufen. Die Gleise sind längst als wertvoller »Rohstoff« demontiert und in die Weiten Russlands verfrachtet worden. Eine längliche ebene Grasfläche könnte der Bahnsteig gewesen sein.

Bis in das Kriegsgeschehen hinein ist im Städtchen

Domnau von Endstation und Elend nichts zu spüren gewesen. Fritz Schlifski weiß das ganz genau, denn er ist hier geboren und hat bis zu seinem 12. Lebensjahr noch viele lebendige Erinnerungen bewahrt. Sein Vater war Briefträger und hat den kleinen Sohn auf seinen Runden durch die Stadt und die umliegenden Ortschaften oft mitgenommen, sodass dieser damals jedes Haus und seine Bewohner kennen lernte.

Erst 1992, als 60-Jähriger, sieht Schlifski seinen Heimatort wieder. Seine erste Reaktion ist eine Mischung aus Trauer, Enttäuschung und Ohnmacht, aber dann überwiegt die Hilfsbereitschaft. Er entwickelt neue Ideen und sucht Kontakt zu der heutigen russischen Bevölkerung.

»Dies Haus war bis 1945 das Amtsgericht«, erklärt er und zeigt auf ein zweistöckiges Gebäude in der Hauptstraße. »Vor Zerstörungen blieb es einigermaßen bewahrt und wurde in sowjetischer Zeit zum »Kulturhaus« des Ortes. Hier haben wir im Jahre 2000 den 600. Geburtstag unserer Stadt gefeiert. Wir können die Räume auch jetzt immer gut gebrauchen, wenn wir die Hilfsgüter bringen!«

An diesem Tag im Frühsommer 2001 gerät das beschauliche Leben in Domnowo wieder einmal in Bewegung. »Sie sind gerade angekommen!« Einer ruft es dem anderen zu, die Nachricht geht wie ein Lauffeuer durchs Dorf.

Ein Konvoi aus sechs mittelgroßen Fahrzeugen mit Anhängern, alle mit deutschen Kennzeichen, hat den leeren Marktplatz erreicht. Die Fahrer steigen erschöpft aus. Während sie sich nach der langen Fahrt recken und strecken, kommt Iwanow, der Schulleiter, auf die Gruppe zu, umarmt alle herzlich und begrüßt sie in tadellosem Deutsch. Fritz Schlifski und der »harte Kern« seiner Mitfahrer sind schon so oft hier nach Domnowo und in die Orte der Umgebung gefahren, dass nur mit den Zahlen die beeindruckende Bilanz gezogen werden kann:

- Von April 1992 bis Juli 1997 wurden insgesamt 50 Hilfstransporte ins Kaliningrader Gebiet organisiert.
- 600 Mal packten die Freunde ihre Koffer und mussten ihre Visumsanträge stellen.
- Mit insgesamt 261 Fahrzeugen und 171 Anhängern wurden in den fünf Jahren 358.165 kg Hilfsgüter transportiert.
- Seit 1992 haben sich 270 Helfer an den verschiedenen Transportfahrten unentgeltlich beteiligt.
- Der größte Hilfstransport war in drei Gruppen mit insgesamt 23 Fahrzeugen und 52 Teilnehmern unterwegs.

Alle Fahrer werden in Privatwohnungen untergebracht, so entstehen viele persönliche Kontakte. »Aber«, betont Fritz Schlifski, und seine Stimme wird energisch, »das Verteilen der humanitären Hilfe machen wir selbst! Wir haben ein festes System, das sich bewährt hat!« Die Zustimmung der Bürgermeisterin, der Regions- und Zollbehörden hat er schon längst in der Tasche. Mitgebrachte Einladungsformulare werden von den Gemeindeverwaltungen an Hand ihrer Einwohnerlisten ausgefüllt. Die Menschen erfahren dann, an welchem Tag und zu welcher Zeit sie zur Austeilung erscheinen dürfen.

Im Kulturhaus werden derweil die mitgebrachten Bananenkartons mit Damen-, Herren-, Kinderkleidung und Haustextilien ausgepackt, auf bereitgestellten Tischen ausgelegt oder auf Garderobenständer gehängt. »Wir lassen die Leute nur in kleinen Gruppen herein und achten auf die Personenzahl in den Familien. Diese Sorgfalt hat sich bewährt, damit jeder etwas bekommt. Damit schaffen wir auch eine gute Atmosphäre!« Die Dorfbewohner nennen ihn liebevoll einfach »Fritz«.

An seinen ersten Hilfstransport im April 1992 erinnert sich Schlifski besonders gern. Ein niedersächsisches Reiseunternehmen beteiligte sich damals mit seinem größten Bus, der mit Hilfsgütern vollgepackt wurde. Da »eine Hand die andere wäscht«, konnte der Busunternehmer dabei von Fritz Schlifskis Grenzerfahrungen sowie von seinen Ortskenntnissen profitieren. In den folgenden Jahren nahm er daraufhin zahlreiche Touristenreisen ins Kaliningrader Gebiet in seinen Fahrtenkatalog auf.

»Haben Sie denn keine gemischten Gefühle, wenn Sie mit einem Hilfstransport in der Grenze stehen?« Als DRK-Mann ist Fritz Schlifski mittlerweile souverän und routiniert geworden. Manche Grenzbeamten kennt er schon lange, er sorgt für präzise Ladelisten und bringt die nötige Portion Gelassenheit mit.

Dass er schon seit Oktober 1982 regelmäßig Hilfstransporte ins polnische Bartoszyce (früher Bartenstein) brachte, wissen die meisten nicht. »Brücke nach Bartenstein« nannte er die Aktion zuerst. »Es müssen wohl um die 40 Fahrten in den zehn Jahren bis 1992 gewesen sein. Wir haben dort 620 Familien mit insgesamt 2244 Personen helfen können. Bis die Wende kam. Der polnische Staat verlangte dann für humanitäre Hilfe so genannte Schenkungssteuer und andere Abgaben. Das wollten und konnten wir nicht akzeptieren.«

Die Polen-Transporte lässt er daraufhin fallen, seine Grenz- und Ostkenntnisse aber kann ihm niemand mehr nehmen. Fritz Schlifski erzählt, dass er und seine Mitfahrer während der Fahrten in die Bartensteiner Gegend oft sehnsüchtig nach drüben geschaut hätten, in Richtung russisches Nordostpreußen, das hinter seiner hermetisch geschlossenen Grenze jahrzehntelang unerreichbar blieb. Und dann wurde 1992 Wirklichkeit, was fast unglaublich schien!

Im Oktober 2001 fährt Schlifski seinen 100. Hilfstransport nach Ostpreußen. Der Landrat des polnischen Grenzstädtchens Bartoszyce weiß das zu würdigen mit einer kleinen

Feierstunde im dortigen Vereinshaus der Deutschen Minderheit. Er übergibt ihm schriftlich diese Dankesworte:

»Ihr persönliches Engagement in der selbstlosen und wohltätigen Arbeit für die Nächsten ist das beste Beispiel, dass man oft schmerzhafte Barrieren der Ängste und geschichtliche Vorurteile immer überwinden kann und muss ...« – Auch die russische Seite lädt den »Grenzgänger-Jubilar« und sein Team zum Feiern ein. Aber der winkt ab, er liebt die formellen Lobeshymnen nicht allzu sehr. Er verweist auf die Arbeit seiner Frau im Hintergrund und die vielen Freunde, ohne die er das alles nicht hätte schaffen können. Er sorgt sich vielmehr, wie lange er und sein Helferteam den Strapazen der Transporte noch gewachsen sein werden.

Bei allen humanitären und praktischen Aktionen weiß sich Fritz Schlifski seinem evangelischen Glauben und seiner Kirche verpflichtet. Er weiß, dass die Empfänger der Hilfsgüter zunächst die (meist evangelischen) Russlanddeutschen in den Dörfern und Städtchen sind, aber die russische Ortsbevölkerung soll immer mit einbezogen werden.

Viele gute Kleidungsstücke sind noch kein Ersatz für geistliche Nahrung. Als die Räume zu klein werden, in denen sich die junge Gemeinde zum Gottesdienst trifft, versucht es Fritz Schlifski 1996/97 mit einem Vorstoß zur Rückgabe der alten Domnauer Kirche. Gegenüber der allmächtigen russisch-orthodoxen Kirche kommt er aber nicht durch, weil sie sich auf die russischen Gesetze beruft, dass ihr alle alten Sakralgebäude in der Exklave gehören.

»Da ist doch noch das große Speichergebäude drüben im Ort, das steht quasi leer!« So weist man ihn auf die Nutzungsmöglichkeit hin. Die guten Kontakte zur Bürgermeisterin und einem der Kolchosdirektoren verschaffen Schlifski »grünes Licht«. Ein bestehender kleiner Gemischtwaren-

Kinder und Jugendliche warten auf den Hilfstransport

laden im Parterre des Speicherhauses wird ein wenig herausgeputzt, und Fritz Schlifski staunt nicht schlecht, als er bei seinem nächsten Besuch im Juni 1997 die Namen »Gerda-Maria« über der Ladentür angebracht sieht.

Gerda stammt aus der Nachbarschaft von Domnau, sie ist die Frau eines tüchtigen hannoverschen Elektroingenieurs und Begleiters der Transporte. Maria Hundsdörffer, als gebürtige Hannoveranerin, arbeitete vor dem Krieg bis zu ihrer Flucht in Ostpreußen. Sie war als Gemeindehelferin oft mit dem Fahrrad im Großraum Domnau zu den Menschen unterwegs. Nach dem Kriege hat sie sich bis zu ihrem Tode (2005) mit großem Engagement für die Hilfen in Ostpreußen eingesetzt. Dass der kleine Laden jetzt »Gerda-Maria« heißt, ist eine einfache, aber schöne Anerkennung durch die russische Seite.

In Domnowo träumen inzwischen manche Leute schon von einem richtigen Metzgerladen in den Räumen hinter der Laderampe. Schlifski möge doch die Einrichtung und die Kühlmaschinen aus Deutschland mitbringen ... Aber die Sponsoren bestimmen, dass die Gemeinderäume Vorrang haben sollen. Und so bauen sie unter Volldampf das erste Obergeschoss aus: eine lange Fensterreihe in den Erkern, Beheizung der Etage, zwei zu verbindende Gemeinderäume, eine Küche, ein Kindergottesdienstraum. Eine WC-Anlage ersetzt den »Donnerbalken« hinter dem Haus. Ein technisch versierter Mann näht auf einer »humanitären« Nähmaschine die Gardinen aus den mitgebrachten »humanitären« Stoffen.

Schon im Mai 1998 wird das Gemeindehaus eingeweiht. Mögen nach den vielen gemauerten Ziegelsteinen hier Menschen zu lebendigen Bausteinen der Gemeinde werden – so lautet ein Wunsch bei der Feier. Die gute Entwicklung der Gemeinde hat es bestätigt.

Der Um- und Ausbau geht zügig weiter, aber das Gebäude ist noch nicht auf die evangelische Gemeinde bzw. die Propstei Kaliningrad registriert. So hat die Kolchose immer noch das Eigentumsrecht. Man beginnt mit den deutschen Sponsoren zu pokern: »Wenn ihr uns einen Mähdrescher für die Kolchose besorgt, könnten wir euch die Rechte an das Gebäude übertragen.« Damit setzen sie in Kaliningrad und in Schlifskis Freundeskreis eine Mähdrescher-Beschaffungsaktion in Gang, denn die Deutschen wollen doch die bereits investierten Werte auf Dauer für die Gemeinde erhalten. Nach langer Suche wird ein gebrauchter Mähdrescher tatsächlich in die Exklave transportiert und in Domnowo von der Kolchose Pobeda in Betrieb genommen. Der Jurist der Kaliningrader Propstei kämpft trotzdem noch jahrelang – aber zuletzt erfolgreich – für die gewünschte Registrierung des Gebäudes.

Ein Kenner der Situation im postsowjetischen Kaliningrad drückt es so aus: »Wer hier als Deutscher etwas erreichen will, begibt sich auf eine nicht gerade leichte Gratwanderung. Und man sollte immer genügend Vitamin-B-Tabletten (Beziehungen) als ›Marschverpflegung‹ zur Verfügung haben!« Fritz Schlifski weiß das nur zu gut.

Wenn ein Stein ins Wasser fällt ...

Bochum im November 1998. Draußen ist es ungemütlich kalt, aber drinnen im Russicum herrscht gerade die richtige Atmosphäre zum Lernen. Die Stühle sind im Kreis aufgestellt, während die neuen Teilnehmer am Russisch-Kompaktkurs zur Vorstellungsrunde Platz nehmen. Was hat sie bewogen, diesen Kurs zu belegen? Sie werden in den diplomatischen Dienst gehen oder geschäftlich in Russland arbeiten. Oder sie möchten als gebildete Touristen nicht ohne Sprachkenntnisse unterwegs sein.

Eine ältere Teilnehmerin äußert sich eher zögernd in dieser »hochkarätigen« Runde: »Wir arbeiten schon mehrere Jahre in Kaliningrad im kirchlich-sozialen Bereich. Aber ich hatte noch nie Gelegenheit, systematisch Russisch zu lernen.«

Ihre Sätze machen mich stutzig und froh zugleich, denn wegen unseres bevorstehenden Einsatzes in der evangelisch-lutherischen Propstei in Kaliningrad sitze auch ich hier in der Runde. Wir beide sind die einzigen, die ins russische Ostpreußen gehen werden. So freunden wir uns schnell an, spüren das gleiche Anliegen unserer ehrenamtlichen Einsätze und stellen fest, dass wir, ebenso wie unsere Ehemänner, diesen Dienst aus christlicher Überzeugung heraus leisten wollen. Dass Marlene der katholischen Laiengemeinschaft

Lumen Christi angehört, während ich Mitglied der evangelisch-lutherischen Kirche bin, tut unserem freundschaftlichen Zusammenhalten keinerlei Abbruch, im Gegenteil: Ökumene lebt besonders stark in den persönlichen Begegnungen.

Eines Tages hören wir auf dem Gang zum Kursraum, wie sich die Putzfrauen zurufen, der gesamte Internatstrakt des Gebäudes solle ausgeräumt werden wegen Renovierung und Neuanschaffung von Mobiliar. Marlene und ich bewegen sofort den gleichen Gedanken: Das wären doch gute Möbel für Kaliningrad! Der Verwaltungsleiter nimmt unsere Idee offenbar als überstürzt-naiv zur Kenntnis, willigt dann aber lässig ein: »Sehen Sie zu, wie Sie die Sachen hier wegschaffen! Und zwar bald!«

Marlene und ich starten unverzüglich eine Strategie zur Demontage und zum Abtransport. Aus Sulingen (unserer früheren Gemeinde) kommt ein Team von pensionierten Handwerkern zum Zerlegen der Regale, Schränke, Schreibtische und Waschbecken; Marlenes Mann Helmut organisiert von Kaliningrad aus den Abtransport per Lkw, die Verladung auf ein Ostseeschiff und die Zollformalitäten. An Ort und Stelle in Kaliningrad teilen wir einige Wochen später die Sachen »paritätisch-ökumenisch« auf und bestücken damit manche noch leeren Räume und Büros unserer beiden Kirchen …

»Wir hatten nie Kontakt in den Osten«, sagen Marlene und Helmut im Rückblick. »Weder in die DDR noch in ehemalige deutsche Ostgebiete. Es war eher zufällig, dass wir ins Kaliningrader Gebiet gerieten. Helmut fuhr Weihnachten 1991 auf Einladung eines gebürtigen Ostpreußen aus dem katholischen Ermland zum ersten Mal in das bis dahin abgeriegelte russische Gebiet.«

Die ersten Eindrücke nach dem Überschreiten der polnisch-russischen Grenze sind deprimierend: »Kaputte Straßen, zerfallende Dörfer, Menschen in Armut, eine graue Stadt ohne Reklame, ohne bunte Schaufenster. Nur wenige Autos auf breiten Straßen. Spärliches Angebot sowohl in den Geschäften als auch auf dem Zentralmarkt. Es gab zu kaufen, was die Leute in Haus und Hof übrig hatten: Da lag ein Stück Seife neben einer Strumpfhose, ein Kamm neben Kraut und sauren Gurken.«

Die Männer machen bei diesem ersten Aufenthalt einen litauischen Pfarrer ausfindig, der katholische Christen litauischer Herkunft zum Gottesdienst um sich sammelt. Sie treffen sich an der Außenmauer der ehemaligen katholischen Kirche »Zur heiligen Familie« in der großen Hoffnung, dieses Gotteshaus wieder als ihre Kirche zurückzubekommen (die Kirche wurde jedoch inzwischen zum Konzertsaal »Philharmonie« umgebaut).

Wenn Gemeinde entsteht, braucht sie aber eine Anlaufstelle. Ein Bittgang zum damaligen ersten Gouverneur nach der Wende, Matotschkin, bringt den großen Erfolg, dass den Katholiken ein freies Grundstück im Westen der Stadt (uliza Marini Raskowoi/früher Adalbertstr.) auf begrenzte Zeit zur Verfügung gestellt wird.

Helmut ist ein Praktiker. Er hat sofort die Idee, auf diesem Grundstück aus Containern ein mobiles kleines Pfarrzentrum zu bauen. Die Männer sind kaum von der ersten Reise zurück, da setzen sie den Plan in die Tat um. Sie kaufen Container, Baumaterial, Einrichtungsgegenstände. In ihrer süddeutschen Heimat Maihingen finden sie freiwillige Helfer für die große Aktion, transportieren alles nach Kaliningrad und beginnen schon im März 1992 mit dem Aufbau.

»Unter Volldampf« entsteht ein praktisches Gemeindezentrum: drei Container, ohne Zwischenwände dicht aneinandergerückt, werden zur ersten Kapelle. In weiteren

Containern werden eine Küche mit Essplatz, ein Büro und drei Ein-Raum-Wohnungen mit Duschbad untergebracht. Zwischen Wohnbereich und Kapelle wird so viel freier Platz eingeplant, dass später dort eine kleine Versammlungshalle gebaut werden kann.

Was Besucher bewundern, sieht Marlene in dankbarer Erinnerung: »Für mich waren diese Wochen des Aufbaus mein erstes Erleben der Stadt und der russischen Verhältnisse. Viele unvergessliche Erlebnisse und Kontakte zu Menschen haben eine Energie und Freude am Helfen in uns wachgerufen, die uns bis heute nicht ganz loslassen will. Vielleicht sagt man einfach ›Liebe‹ dazu. Ein armseliges Pfarrzentrum aus Containern wird zum Magnet für Gemeindemitglieder und Mitarbeiter aus vier Nationen: zum litauischen Priester kommt ein dynamischer Priester aus Polen hinzu, der im Laufe der Jahre zum Bischofsvikar unserer Moskauer Diözese avanciert. Im Sommer 1992 machen sich drei junge Schönstatt-Schwestern aus Thüringen auf den Weg. Sie bringen Glaubenseifer, soziales Engagement und Russischkenntnisse mit.«

Marlene erzählt auch gern von den ersten Einsätzen an anderen Orten. »Unser ›Kapellenmobil‹ aus den Anfangsjahren 1992-1994 ist schon legendär. Als Wohnmobil mit Kirchenanhänger fuhr es durch die Städte und Dörfer, in denen Katholiken wohnten. Wir erlebten einen großen Aufbruch des Glaubens. Taufen und Eheschließungen gehörten zu jedem Gottesdienst dazu. Damals war es sogar erlaubt, auf öffentlichen Plätzen zu predigen ...«

Wenn Marlene davon erzählt, spürt man etwas von dem starken Aufwind, jenem Geruch von Freiheit, der nach dem Zusammenbruch der UdSSR durchs Land ging. Wer diese ersten Jahre nach der Wende miterlebt hat, stellt mit Bedauern fest, dass sich dieser Geist des Aufbruchs im Laufe der folgenden Jahre unter neuen Einschränkungen wieder weiter verflüchtigte, besonders nach der Wirtschaftskrise mit Rubelsturz im Sommer 1998. Eine erneute Verarmung gerade der so genannten »kleinen« Leute war die Folge.

In der intensiven Aufbauzeit nach der Wende sind Helmut und Marlene als kräftige »Motoren« des Projekts oft auf den Transitstrecken zwischen Deutschland und Kaliningrad unterwegs. Die russischen Zollbestimmungen sind zu Anfang der 90er-Jahre noch weitaus liberaler, sodass die humanitäre Hilfe in großer Streuung – und damit auch gerechter – in Stadt und Land verteilt werden kann.

»Als die Transporte umfangreicher wurden, hat Herr Müller mit einem Lkw der Nordelbischen Evangelischen Kirche auch uns mitgeholfen. Im Monatsdurchschnitt kamen 1000 Bananenkartons mit Hilfsgütern zur Verteilung!« Marlene erinnert sich gut, wie sie diese Menge in Einheiten von 50 bis 200 Kartons an staatliche soziale Einrichtungen im ganzen Gebiet weitergegeben haben. »Die haben dann nach unserem Vorbild oft auch eigene Kleiderkammern eingerichtet.«

* * *

»Ich bin eigentlich katholisch«, sagt die Teilnehmerin einer deutschen Reisegruppe beim Besuch unserer Auferstehungskirche im Sommer 2000. »Wissen Sie vielleicht, wo hier in der Stadt die Katholiken zusammenkommen? Unsere Reiseleiterin konnte mir nicht recht weiterhelfen; sie kannte nur die orthodoxen Kirchen.«

Die Frau ist offenbar allein mit ihrem Anliegen, mag sich aber auch nicht ohne Begleitung auf die Suche begeben, obwohl die Gruppe den Nachmittag zur freien Verfügung hat. Auf mein Angebot hin findet sich im Nu eine VW-Bus-Gesellschaft von acht Personen zusammen. Was sie da am

Ufer des Pregel sehen und hören, lässt sie aus dem Staunen nicht herauskommen.

Da sieht man einen langgestreckten roten Ziegelbau in einem größeren eingezäunten Gelände. Gleich rechts der Einfahrt steht ein zweigeschossiges graues Haus mit einem hübschen Blumengärtchen davor. Über der Haustür hängt unter einem kleinen Balkon in einem Dreiecksgestänge eine gut sichtbare kleine Kirchenglocke. Auf dem langen Platz davor reihen sich mehrere kleine gleichförmige Holzhäuschen aneinander. Wir klingeln an dem grauen Haus, und Marlene kommt die Treppe herunter. »Helmut ist mal wieder auf einer unserer Baustellen«, sagt sie fast entschuldigend, da sie sich in der Publikumsbetreuung für nicht so kompetent hält. Es ist falsche Bescheidenheit.

»Diese Kirche stand bis 1993 in Sonthofen im Allgäu«, erklärt Marlene nach der Begrüßung, und die Besucher staunen das eigentlich Unmögliche an. »Es ist ein Geschenk der Diözese Augsburg. In Sonthofen war es eine Not- bzw. Fertigteilkirche, sie hatte 540 qm umbauten Raum. Wir haben sie mit drei Riesenbrummis in zehn Transporteinheiten hierhergefahren, es sind 1500 Kilometer von Bayern nach Kaliningrad! Damals war dieses ganze Grundstück noch leer. Die Bauteile wurden hier gestapelt und von Gemeindegliedern Tag und Nacht bewacht – monatelang! Im Oktober 1993 kamen mein Mann und ich mit einem achtköpfigen Bauteam aus Deutschland an, um das Puzzle wieder zusammenzusetzen.«

Die Zuhörer sind sprachlos vor Überraschung und lassen Marlene weitererzählen.

»Wir lebten hier vier Wochen lang äußerst primitiv in einem Baucamp, wobei ich die Verpflegung der Truppe übernommen hatte. Während unsere Männer mit Hilfe eines Krans die Bauteile entwirrten, wurde langsam das Funda-

Kirche, Suppenküche, medizinische Ambulanz: Das Container-Gemeindezentrum

ment gegossen. Was denken Sie: Nach vier Wochen konnten wir bei -8°C im Rohbau die erste Messe feiern! Das war eine sehr ergreifende Feier mit dem damals 80-jährigen Pfarrer Raifferscheid, der noch vor dem Krieg als Kaplan in der Kirche ›Zur Heiligen Familie‹ gearbeitet hatte.«

Die Besucher können anschließend im Innern der Kirche an den sichtbaren Dachbalken und Wandteilen nachvollziehen, was Marlene erklärt hat. »Und außen die roten Ziegel?«, fragt einer.

»Das ist eine Art Mantel, mit dem wir später den Bau gefestigt und gesichert haben.« Marlene erklärt dann, wie die russische Bevölkerung und besonders die Kinder während der Bauzeit das Geschehen neugierig verfolgten. »Die ›höheren Gäste‹ wie Bischöfe, Priester, Beamte der Stadt und andere wurden zum Kaffeetrinken in unser ›Esszimmer‹ geführt – das war ein Planenanhänger mit zwei Biertischen darin. Am Wochenende gab es für alle Helfer Eintopf aus einem großen Kessel.«

Bereits im Juni 1994 wird die Kirche feierlich eingeweiht. Dazu kommt der zuständige katholische Bischof aus Moskau, aber auch eine Abordnung aus Sonthofen fehlt nicht unter den Gästen. Für sie ist diese Feier in »ihrer« ehemaligen Kirche ein besonders bewegendes Ereignis.

»Eine Kirche allein auf einem Gelände, das geht nicht, schon gar nicht in Russland.« Marlene führt uns nach draußen auf den Hof, wo sich die Blicke der Besucher auf die lange Reihe der Holzhäuschen richten. Auf der rechten Seite sind es Werkstätten für die Renovierungen und Baumaßnahmen in Kinderheimen und kirchlichen Gebäuden. »Eigentlich sind die Häuschen lauter gleichförmige Container«, sagt Marlene. »Wir haben sie so aufgestellt, dass auch die Zwischenräume wieder überdacht und nutzbar werden konnten. – Und hier ist die Verteilstelle für die humanitäre Hilfe«, erklärt Marlene, während sie eins der vorderen Häuschen öffnet.

Die Kleidungsstücke liegen ordentlich nach Art und Größe sortiert in den Regalen hinter dem Tresen. Seitlich gibt es eine Anprobeecke und einen großen Spiegel.

»Wir hatten von früh bis spät zu tun, um dem Ansturm der Hilfesuchenden einigermaßen gerecht zu werden. Die Menge der Hilfsgüter lockte Bedürftige aus dem ganzen Kaliningrader Gebiet an. Es gab Tage, an denen die Menschen auf der Straße übernachtet haben, um am Morgen einen Talon für die Kleiderkammer zu ergattern.«

Wenn eine Arbeit wächst, muss sie trotzdem übersichtlich und geordnet bleiben. Hinter einem hohen Tresen, der sein kleines Büro abgrenzt, treffen wir den Verwaltungsleiter August Dunkl und seine russlanddeutsche Frau Luzia, die unentbehrliche Dolmetscherin. Schon jahrelang sind sie zuverlässige Mitarbeiter und haben ein weites Herz und offene Ohren für alle Hilfesuchenden, die zu ihnen kommen. Den Zugang zum Büro von Lumen Christi nennen sie scherzhaft »die am stärksten benutzte Treppe Kaliningrads«.

»Und wo wohnen Sie selbst?«

Marlene hat mit dieser Frage offenbar schon gerechnet. »Ja«, sagt sie, »wir sind jahrelang zwischen Deutschland und Kaliningrad hin- und hergependelt, bis dann 1995 die Entscheidung fiel, dass es für die Arbeit besser sei, wenn wir mit Lumen Christi hier einen Daueraufenthalt hätten. Da drüben das graue Haus«, sie zeigt auf die beiden Etagen, »ist aus zwölf Containern entstanden. Wir haben sie so weit voneinander aufgestellt, dass in der Mitte auf beiden Etagen je ein größerer Raum gebildet wurde.«

Im Erdgeschoss betreiben die Malteser eine Suppenküche für Arme. Im Obergeschoss liegt der Wohn- und Arbeitsbereich für die Mitarbeiter von Lumen Christi. In der großen Wohnküche sitzen sie zu den Mahlzeiten alle zusammen am Tisch: Gäste, Mitarbeiter aus Deutschland, russische Arbeiter, Obdachlose und die Lumen-Christi-Leute. Meistens eine fröhliche und hungrige Gesellschaft, aber nicht selten gibt es auch Belastungsproben: Wer will schon neben Ilja in seiner unsauberen Kleidung sitzen oder neben Ruslan, der den größten Teil seines Lebens im Gefängnis zugebracht hat?

»Als wir in einem der Container endlich auch ein eigenes gemütliches Zimmer für uns hatten«, sagt Marlene rückblickend, »erschien mir das wie ein großer Luxus, nachdem wir monatelang in einem Wohnmobil gelebt hatten ...«

Die Besuchergruppe ist so beeindruckt, dass sie keine Fragen mehr herausbringen können. Die werden ihnen wohl erst später einfallen, wenn sie nach den Erlebnissen dieses Tages ins Nachdenken kommen. Wenn sie noch länger geblieben wären, hätten sie in einem weiteren Containerhäuschen sogar eine medizinische Ambulanz für Obdachlose und mittellose Hilfsbedürftige vorgefunden. 1997 hat hier die Ärztin Dr. Elisabeth Winter zusammen mit einer russischen Krankenschwester ihre Arbeit aufgenommen. Dr. Winter gehört dem Äußeren Kreis der Gemeinschaft Lumen Christi an und hat für ihre letzten Dienstjahre die Praxis in Thüringen aufgegeben, um diesen Einsatz in Kaliningrad zu leisten.

»Die Badewannen sind im Dauerbetrieb, ebenso wie die Waschmaschinen«, sagte sie einmal, während sie zwischen den Patienten hin- und herlief, Pflaster, Tücher und Desinfektionsmittel stets zur Hand – nicht nur zur Wundbehandlung, sondern auch im Kampf gegen eingeschlepptes Ungeziefer. Der Dienst an den Ärmsten der Armen strapaziert sie selbst bis zum Äußersten.

Warum Marlene und ihr Mann immer noch der Arbeit im Kaliningrader Gebiet treu geblieben sind, erklärt sie so: »Unsere Grundeinstellung aus dem Glauben heraus ist es, über viele Grenzen zu gehen, nationale und religiöse Vorbehalte zu überwinden. Beim Geben oder Zusammenarbeiten mit anderen wollen wir weder auf die Bildung noch auf den Geldbeutel schauen. Viele Menschen haben durch diese offene Haltung Hilfe erfahren, viele haben aber auch versucht uns auszunutzen …«

Die Arbeit von Lumen Christi hat sich längst auch auf dringende Renovierungsarbeiten in staatlichen Kinderheimen ausgedehnt. Russische Schulinternate werden technisch ausgerüstet, Schulspeisungen finanziert und Sozialwaisen unterstützt. Von dieser Ausweitung der Arbeit spricht Marlene selbst nicht. Man erfährt es aber aus dankbaren Rückmeldungen derer, die Hilfe erfahren haben.

* * *

Im Juli 2005 sind wir erneut mit einer Gruppe wissbegieriger Touristen unterwegs. Oft wird gefragt: »Wie sieht denn die ökumenische Zusammenarbeit hier im Kaliningrader Gebiet aus?« – »Eigentlich kann es ohne solche Kooperation nicht gehen«, muss man da immer wieder sagen, »denn alle Kirchen haben die gleichen Existenznöte, Fragen und Sorgen von Menschen vor der Tür.«

Keine theoretische Antwort ist aber so überzeugend wie ein anschauliches Beispiel.

Ein wenig im Abseits der Küstenstraße zwischen Selenogradsk/Cranz und Romanowo/Pobethen taucht ein zeltförmiges, dreieckiges Dach auf, daneben ein einsam gelegenes Gehöft aus deutscher Zeit. Beim Näherkommen fällt schon der gute bauliche Zustand der Gebäude auf. Einige Kinder spielen auf dem Zufahrtsweg Fußball und springen erstaunt zur Seite, als sich der große Bus nähert.

Im Hof stoßen wir auf Helmut und Marlene Quirrenbach. Sie haben sich mit ihrer langjährigen Erfahrung in der Aufbauarbeit hier einer neuen Herausforderung gestellt.

»Die Kinder sind uns sehr ans Herz gewachsen; schließlich sind sie ja die Säulen der künftigen Gesellschaft.« Helmut sagt es aus tiefster Überzeugung. Er führt unsere ganze Gruppe hinüber in die kleine Kirche, die sich in dem zeltförmigen Gebäude befindet. Währenddessen erzählt er uns, dass die drei russischen Ferienmonate Juni, Juli und August für viele Kinder im Kaliningrader Gebiet »Leerlauf« bedeuten. »Wir bieten hier Kinderwochen an, die wir ›Ferien mit Gott‹ nennen: in sechs Gruppen zu je 40 Kindern zwischen 6 und 16 Jahren. Daneben veranstalten wir auch mehrtägige große Jugendtreffen.«

»Und wie finanzieren Sie das alles? Wer hilft Ihnen bei der Arbeit? Wie kommen Sie an so ein intaktes Anwesen?« Die Gäste sprudeln ihre Fragen nur so heraus.

»Es sind russische Kinder aus unseren Gemeinden und aus den Dörfern, aus armen und ärmsten Verhältnissen.« Helmut erklärt, dass viele zum ersten Mal solche Freizeiten erleben, dass die Spenden vorwiegend aus Deutschland kommen und den Aufbau der Räumlichkeiten sowie die Ferienlager überhaupt erst möglich machen.

Oben an der Giebelwand des Haupthauses liest man in russischer Schrift »Haus St. Rafael«. Helmut und Marlene führen uns durch die Räume, die von der Küche über Tagesräume bis zu den Schlafzimmern im Dachgeschoss neu und praktisch ausgestattet sind. »Alles Marke Eigenbau«, kommentiert Helmut knapp und bescheiden, »am Anfang war alles ziemlich heruntergekommen.« Wer ihn kennt, weiß um seine vielseitigen handwerklichen Fähigkeiten, den uneigennützigen Einsatz zusammen mit einem eingespielten Team russischer Mitarbeiter.

Während er über manche zermürbenden Hindernisse spricht, die von russischer Seite aus ihrer Arbeit in den Weg gelegt werden, bereiten einige Frauen drüben im Grillpavillon ein leckeres abendliches Buffet vor. Nicht allein für unsere Reisegruppe, sondern auch für die anwesenden Kinder und Mitarbeiter. Ökumenische Gastfreundschaft.

Auf der Rückfahrt bleiben die vielen Eindrücke aus dieser Begegnung mit den Leuten von Lumen Christi noch lange im Gespräch. Es gibt das Bild vom Stein, der ins Wasser fällt. So entstehen Kreise, die sich konzentrisch ausweiten. Manfred Siebald hat ein Lied darüber geschrieben, das nicht nur für die Lumen-Christi-Leute, sondern auch für die weltweite Arbeit unzähliger Christen kennzeichnend wurde: »Ins Wasser fällt ein Stein, ganz heimlich, still und leise; und ist er noch so klein, er zieht doch weite Kreise. Wo Gottes große Liebe in einen Menschen fällt, da wirkt sie fort in Tat und Wort hinaus in unsre Welt.«

Ein Nomade im Namen seines Herrn

Der Briefumschlag enthält eine Einladung nach Gwardeisk, das vor dem Krieg Tapiau hieß. Das neue katholische Gemeindezentrum St. Josef soll eingeweiht werden. Es liegt direkt an der alten Hauptstraße, die von Norden her zum Marktplatz des Städtchens führt. Einige Häuser aus deutscher Zeit haben die Bombenangriffe überstanden und warten auf Sanierung oder Abriss. »Aber St. Josef ist das schönste Haus in der ganzen Straße«, hatte man uns mit auf den Weg gegeben. »Achtet auf die kleine Kuppel auf dem Dach!«

Schon beim Eintreten riecht alles nach frischer Farbe. »Wir haben zwei Jahre gebraucht«, sagt Helmut Quirrenbach von der Gemeinschaft Lumen Christi, der mit seinem Handwerkerteam den Um- und Ausbau durchgeführt hat. »Das Gebäude war vor dem Krieg ein Textilkaufhaus. In der Sowjetzeit wurde es eine Zeit lang als Hotel benutzt und war total heruntergekommen.«

Die Gäste staunen über die bauliche Verwandlung, die durch Sponsoren finanziell möglich wurde. Im Parterre liegt ein schöner Allzweckraum, an den sich eine Großküche (ein Geschenk aus dem Schwäbischen) im Nirosta-Look anschließt. Fast die ganze erste Etage nimmt ein ansprechend gestalteter Gottesdienstraum ein, in den beiden obersten Stockwerken sind die privaten Zimmer der kleinen Hausgemeinschaft und eine Reihe gemütlicher Gästezimmer. »Wir können recht komfortabel 12 Personen beherbergen«, sagen die Gastgeber. »Und wenn Kinder und Jugendliche mit einem Matratzenlager zufrieden sind, können es auch bis zu 30 sein.«

Was man nicht »besichtigen« kann, sind die langwierigen juristischen Verhandlungen um den Kaufvertrag, allerlei weitere Genehmigungen, Nutzungsrechte, Registrierung, die zusammen den Baufortschritt immer wieder verzögerten. Die nervlichen und physischen Strapazen jedoch sind in den Gesichtern der Mitarbeiter noch deutlich ablesbar.

Im Lauf der Feier stellt sich der neue »Hausherr« vor, Pater Eduard Prawdzik, ein schlanker hochgewachsener Herr mit fast weißem Haar. Große formelle Reden vor diesen Leuten zu halten, behagt ihm offenbar nicht, denn sein Anliegen ist ein geistliches. Das sagt er deutlich, ohne näher darauf einzugehen. Im »kleinen« Gespräch am Tisch spricht er nach links auf Russisch, nach rechts unterhält er sich elegant auf Deutsch und zwischendurch ruft er auf Polnisch einer Mitarbeiterin etwas zu.

Einer der Gäste, der um die große Zahl von litauischen Katholiken weiß, erkundigt sich vorsichtig: »Ist der Pater ein Litauer?«

»Nein,« sagt Pater Eduard, der das Rätseln um seine Person mitgekriegt hat, »ich bin ein echter Ostpreuße aus Reiffenrode. Das liegt jetzt drüben in Polen, östlich von Lyck ganz dicht an der Grenze zu Litauen. Wir hatten dort einen ansehnlichen Bauernhof. Aber das ist eine lange Geschichte, die kann ich Ihnen später erzählen.«

An diesem Festabend steht das neue Gemeindezentrum im Mittelpunkt. Von hier aus sollen die Katholiken betreut werden, die rund um Gwardeisk und bis zur polnischen Grenze wohnen. Das neue Haus St. Josef ist auch als Bildungs-, Begegnungs- und Gästehaus gedacht. Es könnte eine Insel der Hoffnung werden in einer Gegend, wo viele Menschen schon morgens ihren Kummer im Alkohol ertränken. Ein jüngerer polnischer Kollege unterstützt Pater Eduard in der gesamten Arbeit. Beide sind Steyler Missionare, die Ordensbezeichnung SVD steht für »Societas Verbi Divini« (Gemeinschaft des göttlichen Wortes). Bei den Slawen bezeichnet man sie daher kurzerhand als »Verbisti«.

Pater Eduard Prawdzik wohnt seit 2001 in Gwardeisk/Tapiau

Einige Jahre später erinnert sich Pater Eduard, wie die Arbeit im Haus St. Josef in Gang kam: »Als erste Nutznießer kamen die Hauptamtlichen aus dem hiesigen Bereich ins Haus für ihre Einkehrtage und Pastoralkonferenzen. Die weltweite Bewegung ›Couples for Christ‹, eine Erneuerungsbewegung für Ehepaare, hat hier schon mehrere Kurse durchgeführt, denn auch in Russland sind die Familien in großer Gefahr. Schwester Stella arbeitet schon seit 1992 im Kaliningrader Gebiet und jetzt bei uns. Wir sind beide sehr dankbar, dass wir hier für die Kinder- und Jugendarbeit einen sicheren Ort gefunden haben. Außerdem steht unser Haus auch nichtkatholischen Gruppen zur Verfügung, wenn sie auf eine geistliche, sittliche und soziale Erneuerung ausgerichtet sind.«

Aus diesem ökumenischen Verständnis heraus dürfen sich

seit einigen Jahren auch die evangelischen Christen aus Gwardeisk/Tapiau und Umgebung in diesem Hause zweimal pro Monat zu ihren Gottesdiensten versammeln.

Pater Eduard verschweigt nicht, dass die Auslastung des Hauses besser sein könnte. Auch die Integration des neuen Gemeindezentrums in die gesamte Arbeit im Kaliningrader Gebiet ist noch nicht zufriedenstellend. »Immerhin«, so sagt Pater Eduard im Jahr 2003, »müht sich hier ein Team von etwa dreißig Hauptamtlichen im Namen der katholischen Kirche ab: Laien, Ordensleute, Kleriker. Wir kommen aus nicht weniger als 6 Ländern. Bisher betreuen wir 30 Gemeinden, verstreut über das ganze Gebiet. Wir schätzen, dass wir es mit etwa insgesamt 5000 Gläubigen zu tun haben; die Zahl der Gottesdienstbesucher beläuft sich an Sonn- und Feiertagen auf ungefähr 1000 Personen, also nicht so schlecht.«

Trotzdem gibt sich Pater Eduard damit nicht zufrieden. Er weiß, dass »der gottlose Materialismus mit allen bleibenden Werten nirgends so ›aufgeräumt‹ hat wie in Albanien und hier. Unser Gebiet war 40 Jahre militärische Sperrzone und damit die geballte Faust der Sowjetunion.«

Natürlich drängt es einen Missionar, auch Kurse über den Umgang mit der Bibel anzubieten. »Wenn wir wenigstens schon mal Kurse für die Lektoren bei den Gottesdiensten anbieten könnten, damit die Verkündigung besser würde! Für Cursillos und andere Kurse der Erneuerung fehlt uns wohl zuerst eine größere Zahl von Gläubigen und Freiwilligen. Und viele Ausländer nehmen sich kaum Zeit zur Einkehr; oder sie machen wegen der Visaprobleme einen Bogen um das Kaliningrader Gebiet und lassen ihre Tagungen lieber in Masuren oder Litauen stattfinden.«

Die Einheimischen können entweder den (schon niedrigen) Tagessatz des Hauses nicht bezahlen oder stehen den geistlichen Angeboten noch gleichgültig bis skeptisch gegenüber. Anders dagegen der Wunsch nach politisch-geschichtlicher Information. »Können wir nicht ein Seminar machen über die historische Wahrheit in Osteuropa? Wir sind doch hier im Osten wie ein weißes Blatt!« Diese Anfrage wird an Pater Eduard herangetragen. Er sieht sehr wohl den Bedarf und möchte auch das Vertrauen der Bevölkerung gewinnen, ist aber skeptisch, ob er das St.-Josefs-Haus auch als rein politisches Forum zur Verfügung stellen darf.

Pater Eduard wohnt und arbeitet seit Herbst 2001 fest in Gwardeisk/Tapiau; es tut ihm gut, ein »eigenes Gebiet« zu haben. Trotzdem kommt er gern immer wieder in die 35 Kilometer entfernte Hauptstadt Kaliningrad, wo seine Arbeit 1997 begann – in der Sozial- und Diakoniestation am Pregel, wo die Gemeinschaft Lumen Christi schon seit der Wende tätig ist. Von hier aus lernte Pater Eduard alle Außenstationen kennen, sprang ein, half aus, wo er gebraucht wurde. Im Nachhinein nennt er diese vier Jahre seine »Laufburschenzeit«: hart, vielseitig, herausfordernd und interessant.

»Nach meiner Ankunft in Kaliningrad am Gründonnerstag 1997 fand ich zunächst Unterschlupf in einem Zimmerchen der Sozialstation. Dann konnte ich ein paar Wochen später in einen der freistehenden Container umziehen und ohne Furcht und Zagen meinen Kassettenrecorder zum Russischlernen einsetzen.« Im Alter von 62 Jahren, wenn andere sich auf ihren Ruhestand einrichten, fängt Pater Eduard also mit dem intensiven Sprachstudium an. Auf 45 Minuten Sprachunterricht setzt er systematisch immer noch 100 Minuten eigenes Trainieren drauf, bis er schließlich die Messe auf Russisch zelebrieren kann.

Mit einem kleinen elektrischen Heizöfchen in der Container-Stube sorgt er dafür, dass ihm »der Verstand nicht einfriert«. Das große Fenster muss er bei jedem Verlassen des

Raumes sorgfältig vor neugierigen diebischen Blicken verhängen. Aber den freien Ausblick auf den Fluss schätzt er sehr.

»Der ruhig dahinfließende Pregel erinnert mich an die so rasch vergehende Lebenszeit, aber auch an die Grausamkeit der Menschen; denn im August 1944 bei den Bombenangriffen der Alliierten auf Königsberg kam so viel Phosphor herab, dass die Menschen bei lebendigem Leibe verbrannten, selbst wenn sie aus Verzweiflung in den Fluss sprangen.« Wer wie Pater Eduard die Schrecken des Krieges miterlebt hat, kann solche Erinnerungen zeitlebens nicht mehr loswerden.

Eduard wird 1935 in Masuren geboren und verlebt mit seinen vier Geschwistern unbeschwerte Kindertage, bis im Dezember 1943 sein Vater tödlich verunglückt. Im August 1944 muss die Mutter mit ihren fünf Kindern vor dem Beschuss durch russische Artillerie flüchten; im Januar 1945 erleben sie brennende Dörfer, randalierende Soldaten, im schlimmsten Kriegswinter Fußmärsche bei minus 25 Grad Kälte und Todesängste. »Nur fort aus dieser Hölle!« Unter diesem Wunsch wachsen ihnen Kräfte zu, dass sie es schaffen, über Pillau, Gotenhafen und Saßnitz auf Rügen schließlich in ein Internierungslager in Dänemark zu kommen. Dort stirbt der jüngste Bruder an Entkräftung. Erst 1947 gelingt ihnen durch Vermittlung der Lagerpfarrei die Übersiedlung nach Süddeutschland.

Nach den schlimmen Erlebnissen in den Kriegsjahren fragt Eduard als Kind: »Mutti, warum sind die Menschen so schlecht zueinander?« Die Mutter versucht es zu erklären und sagt dann schließlich etwas unwillig: »Junge, die Sünde ist an allem schuld. Die Menschen sind Sünder, sie missbrauchen ihre Freiheit, um Böses zu tun. Sie folgen oft mehr dem Teufel als Gott.«

Die Mutter ahnt wohl nicht, dass diese Erklärung für ihren

Sohn lebensbestimmend werden sollte. Der Gedanke an Sünde und daraus erwachsende Schuld lässt ihn nicht mehr los. »So reifte in mir mehr und mehr die Überzeugung: Ich will den Menschen helfen, der Sünde zu widerstehen und sich mehr dem Guten zuzuwenden, denn nur dadurch kann es mehr Frieden auf Erden geben. – Ja, ich wollte Priester werden und dazu Missionar in einem fernen Land.«

Der junge Eduard Prawdzik und auch sein Bruder entscheiden sich für eine lange Ausbildung bei der Steyler Missionsgesellschaft. Eduard lässt sich auf die Philippinen aussenden, wo er fast 30 Jahre tätig ist, zunächst als Lehrer und Erzieher in einem Gymnasium mit Internat, dann in der Pfarrseelsorge. Er lernt die bittere Armut der Filipinos kennen. »Wir bemühten uns, die Christen zu Selbsthilfeorganisationen und Genossenschaften zu ermuntern. 15 Jahre lang war es eine sehr schwere Art von Sozialarbeit, aber dann zündete der Funke mit der Einsicht, dass dadurch mehr Gerechtigkeit geschaffen wird.«

Schon 1991 erreicht ihn im fernen Südostasien die Anfrage, seine Missionsarbeit dort zu beenden und ins Kaliningrader Gebiet zu wechseln. Sie brauchen dort Priester, und als gebürtiger Masure wäre er wohl für diese Aufgabe prädestiniert! Pater Eduard folgt diesem Ruf. Seine Geschwister in Süddeutschland und ein großer Freundeskreis unterstützen ihn dabei ebenso, wie sie es auch für seine Arbeit auf den Philippinen taten.

Die Rückkehr in die alte Heimat Ostpreußen erfüllt ihn trotz aller bürokratischen Hürdenläufe mit einer gewissen Genugtuung: »Nun darf ich das ererbte Gut, vor allem den Glauben, dort unter die Menschen bringen, wo ich ihn empfangen habe.« Er hat sein Leben weithin wie ein Nomade verbracht, aber als »ein Nomade im Namen des Herrn«.

»Die schöne Landschaft hier in Ostpreußen haben wir damals unter den schlimmen Ereignissen kaum wahrgenommen.« Er sagt ganz offen, dass er eigentlich »keinen Zug« zum Kaliningrader Gebiet verspürte, aber dann ließ er sich doch 42 Jahre später zu einer ersten Wiederkehr überreden. »Ich musste erst umschalten und mir klar machen, dass uns jetzt doch keiner mehr etwas Böses antun will.«

Aus einer deutschen Reisegruppe löst sich Anfang Juni 2000 dieser Mann heraus und gibt zu erkennen, dass er als gebürtiger Ostpreuße gern die Stätten seiner Kindheit wiedersehen möchte. Es sei ein ganz kleines Dorf im östlichen Teil des Kaliningrader Gebietes mit Namen Kalkfelde. »Noch früher vor der Nazizeit hieß es Klein Kalkeninken«, sagt Werner Idel. »Aber wie es jetzt auf Russisch genannt wird, weiß ich natürlich nicht.«

Verwandte hatten sich schon gleich nach der Wende dort umgesehen und ihm vor der Reise mitgeteilt, dass die alten Bauernhöfe des Ortes abgerissen seien und das Land umgepflügt wurde. Es sei also zwecklos, dort noch nach Überresten zu suchen. Er will es trotzdem versuchen. Die Busgruppe entlässt den hartnäckigen Spurensucher für diesen Tag, wünscht ihm einen guten Taxifahrer mit dem »richtigen Riecher« und viel Erfolg.

Die meisten Taxifahrer in Kaliningrad sind auf deutsch sprechende Fahrgäste eingestellt und helfen nach besten Kräften auch als Dolmetscher. Werner Idel dirigiert das Taxi auch ohne Kenntnis des russischen Dorfnamens in die richtige Richtung. Auf der Straße bei dem vermeintlichen Ort treffen sie eine russische Frau und fragen, ob in der Nähe ein Friedhof sei.

»Sie wusste tatsächlich davon! Ich war sehr überrascht!«

Werner Idel kann dieses Zusammentreffen kaum fassen, dann fangen sie zu dritt mit der Suche an. »Der Friedhof war komplett zugewachsen, aber ich konnte mich an ein paar Bäumen wieder orientieren«, erinnert er sich. Sie suchen unter der Grasnarbe, entdecken zerstörte steinerne Grabeinfassungen und finden schließlich das Grab von Idels Mutter, die hier Ende Mai 1945 als gerade 40-jährige Frau und Mutter von sieben Kindern unter ungewöhnlichen Umständen beerdigt wurde. »Es war eine Begegnung, die ich nicht vergessen werde.«

Es braucht Zeit, bis er Worte findet, über das Schreckliche zu reden, das damals binnen weniger Monate geschah.

Wie so viele ostpreußische Familien müssen auch die Idels in dem eiskalten Januar 1945 Hals über Kopf ihren Hof verlassen. Da der Vater längst zum »Volkssturm« eingezogen ist, hängt die Verantwortung für die sieben Kinder im Alter von zweieinhalb bis fünfzehn Jahren allein an der Mutter und der Großmutter.

Sie flüchten mit zwei Pferdewagen, dabei gerät ihr Weg Richtung Westen immer wieder unter Beschuss aus Bordwaffen russischer Flugzeuge. Schüsse aus herannahenden Panzern lassen die Pferde wild werden, sodass die Wagen umkippen. Menschen werden verletzt und verwundet, bleiben sterbend liegen oder fliehen zu Fuß, suchen vorübergehend Schutz in Straßengräben und hinter Bäumen. Die Familie sucht nachts Unterschlupf in Scheunen und Verschlägen aufgegebener Gehöfte, die Frauen und Mädchen in ständiger Angst vor verfolgenden russischen Soldaten. Die Rote Armee hat viele Flüchtlinge eingeholt.

Im Herumirren zwischen Leben und Tod entscheiden sich die Idels, nach Hause zurückzukehren – und schaffen es auch. Aber russische Militärfahrzeuge fahren vor, Soldaten dringen in die Räume ein, plündern, suchen nach versteckten deutschen Soldaten. Sie scheuen nicht vor dem Gebrauch ihrer Waffen zurück, schießen bei geringster Gegenwehr oder nur zur Einschüchterung. Auf Schritt und Tritt geht die Todesangst mit. Während sie mit der Waffe bedroht werden, müssen die deutschen Frauen in Eile etwas Essbares herbeischaffen oder die Kühe melken. Manches Menschenleben wird allein dadurch gerettet, dass auch die schlimmsten Eindringlinge ganz normal Hunger und Durst verspüren.

»Sie brauchten eben Arbeitskräfte. Das waren überwiegend Deutsche, die von der russischen Front eingeholt wurden und nicht mehr weiterkamen. Die russische Führung hat unsere ganze Familie zum Arbeiten mitgenommen«, erinnert sich Werner Idel, damals als zweitältestes Kind gerade 14 Jahre alt. »Das war unser Glück, weil wir dadurch mehr Schutz fanden.«

Sie hausen mal hier, mal da in ihrer näheren dörflichen Umgebung. Die Mutter und die ältesten Kinder müssen in den Kuhställen und in der Mühle schuften, ernähren sich im Frühjahr von Brennnesseln, Melde und Lindenblättern. Gelegentlich ergattern sie ein paar Handvoll Mehl.

Während russische Offiziere in den eroberten Gutshäusern oft schon rauschende Siegesfeste feiern, wird für die deutschen Frauen die Lage immer bedrohlicher. Nur wer als »geschlechtskrank« eingestuft wird, kann sich einigermaßen sicher fühlen. Vor der Ansteckung mit dieser Krankheit fürchten sich selbst die dreistesten Soldaten. Familie Idel sagt trotz der ausgestandenen Ängste in Dankbarkeit: »Ein russischer Arzt besorgte vielen Frauen die Diagnose ›geschlechtskrank‹ und rettete damit manche Menschenwürde und manches Leben.«

Trotzdem wird auch Mutter Idel eines Tages abtransportiert, angeblich in ein Krankenhaus, tatsächlich aber in ein

Arbeitslager bei Insterburg. Typhus breitet sich dort aus, rafft viele dahin. Ein mitleidiger russischer Kraftfahrer nimmt in Eile Frau Idel und ein paar andere Frauen, die flüchten wollen, in seinem Wagen mit. Aber er wird auf der Strecke gestellt, weil man das Verschwinden der Frauen bemerkt hat. Sie werden zurückgebracht und müssen unter verschärften Bedingungen weiterschuften.

Später kann Mutter Idel in einem unbewachten Augenblick zu Fuß flüchten. Glücklich, aber völlig entkräftet kommt sie bei ihrer Familie an. Dass sie sich im Lager mit Typhus angesteckt hat, weiß offenbar nur sie selbst. Es wird ihr Weg in den Tod. Sie stirbt schon Ende Mai 1945.

Die Idels sind nicht die einzigen Deutschen, die den großen Flüchtlingstreck Richtung Westen vor dem Einmarsch der Roten Armee nicht mehr erreicht haben. Unter den Zurückgebliebenen entsteht eine gewisse Solidarität des Leidens. Die Idel-Kinder und ihre Oma spüren das besonders beim Tod der jungen Mutter. Der russische Kommandant erteilt die Genehmigung zum Begräbnis auf dem Kalkfelder Friedhof, obwohl der in einem militärischen Sperrbezirk liegt. »Der Tischler, der einen einfachen Sarg gezimmert hat, hielt auch am Grab eine kurze Ansprache. Die Anteilnahme der Leute war überwältigend, und wir haben zusammen mit den Russenfrauen geweint und gebetet.«

Das alles kommt Werner Idel wieder voll ins Bewusstsein, als er im Juni 2000 mit dem russischen Taxifahrer und der fremden russischen Ortsbewohnerin die zugewachsene Grabstätte findet. Es ist eine Familiengeschichte von sieben wandernden, elternlosen Kindern.

Nach der deutschen Kapitulation und dem Kriegsende kann die Großmutter den großen Belastungen nicht mehr standhalten. Eines Morgens im Oktober 1945 finden die Kinder sie tot im Bett liegen. »Sich durchschlagen« – das wird für die Idel-Geschwister zum Überlebensmotto. Die beiden Jungen entwickeln sich mit ihren gerade 14 und 15 Jahren schon fast zum Haushaltsvorstand. Sie arbeiten in Stallungen der entstandenen Kolchose, reparieren Landmaschinen, versorgen Pferde, transportieren Milchkannen und erhalten meist ihren kleinen Lohn in Form von Essbarem. Der älteste Bruder lernt im Schutz der Nächte heimlich Alkohol brennen und kann sich damit – genauso heimlich – beim russischen Kommandanten Sympathien erwerben.

Die Mädchen verkaufen Fische auf dem Schwarzmarkt, um ein paar Rubel zu verdienen. Sie hüten Schweine, kämpfen mühsam gegen Ungeziefer und eine Rattenplage in ihrer primitiven Bleibe. Sie trennen Säcke auf, um mit den gewonnenen Fäden Kleidung zu reparieren. »Schlimm war besonders, dass wir überhaupt keine Schuhe hatten«, erinnert sich Werner Idel. »Aber daran war gar nicht zu denken, die Nahrung war das Allerwichtigste.«

Die älteste Schwester kümmert sich, so gut sie kann, um die Versorgung der Geschwister mit täglichem Essen. Manches Mal muss sie den Suppentopf nach der Mahlzeit sofort verstecken und bewachen, damit auch für den nächsten Tag noch etwas da ist. Eine andere Schwester findet Arbeit als Kindermädchen in einer russischen Familie. Dort wird sie freundlich aufgenommen, darf in einem richtigen Bett übernachten, erhält gutes Essen, kann sich von ihrem Gelenkrheuma erholen.

»Es gibt auch russische Engel«, stellt Werner Idel in der Rückschau dankbar fest. »Diese Leute gehören sicher dazu!«

Im Oktober 1948 verbreitet sich wie ein Lauffeuer die Nachricht vom bevorstehenden Abtransport aller Deutschen aus dem nördlichen Ostpreußen, das nun ganz russisch werden soll.

Der Vater der sieben Kinder ist kurz zuvor, im Juli 1948,

aus russischer Gefangenschaft nach Celle entlassen worden. Er erfährt über das Deutsche Rote Kreuz vom Tod seiner Frau und der Großmutter. Automatisch geht er davon aus, dass auch seine Kinder in ihrer Hilflosigkeit die schrecklichen Jahre seit Kriegsende nicht überlebt haben können. Ebenso haben die Kinder seit 1944 kein Lebenszeichen mehr von ihrem Vater erhalten.

Die Idel-Kinder werden unterdessen im Kaliningrader Gebiet von Lastwagen auf Eisenbahnzüge verfrachtet und kommen nach tagelanger Reise schließlich im sächsischen Pirna an. Vom Quarantänelager verschiebt man sie in ein Kinderlager. Trotz aller Hindernisse gelingt es dem ältesten Bruder, über das DRK den Vater ausfindig zu machen und ihm mitzuteilen, dass alle sieben Kinder überlebt haben und zusammengeblieben sind. Überglücklich besorgt der Vater für seine Kinder die Zuzugsgenehmigung nach Celle. Im Dezember 1948 kann er sie im Durchgangslager Friedland in die Arme schließen.

»Der liebe Gott wollte es wohl, dass wir es fast 4 Jahre lang auch ohne Eltern und Fürsorge von Erwachsenen geschafft haben!« Das sagt Werner Idel dankbar, aber auch ein bisschen stolz.

Die meisten Spurensucher im nördlichen Ostpreußen geraten in einen gewissen Sog hinein, immer mehr entdecken zu wollen und es mit anderen zu teilen. Denn gemeinsam sieht man mehr.

Werner Idel unternimmt seine nächste Reise im Sommer 2005 nicht mehr allein, sondern bringt einige Angehörige mit. Von der Dorfkirche in Markthausen (heute Wysokoje), wo alle sieben Idel-Kinder getauft wurden, finden sie nur noch den Rest des Kirchturms wieder, der wie ein zitternder alter Finger gen Himmel zeigt.

Sie suchen weiter nach seinem Heimatdorf. Werner Idel will es einfach nicht glauben, dass sein Elternhaus dem Erdboden gleichgemacht sei, wie er es bei seiner ersten Reise gehört hatte. Die Adresse der russischen Frau Olga, die ihm damals den verwachsenen Friedhof zeigte, hat er bei sich. Freunde mit guten Landkarten und modernem Ortungssystem sind ihm behilflich.

»Die Spurensuche nach unserem Resthof in Kalkfelde war überaus spannend!« Sie finden das Haus tatsächlich wieder, wenn auch stark verändert. Werner Idel verschlägt es aber fast die Sprache, als sich herausstellt, dass ausgerechnet jene gute Frau Olga jetzt in seinem früheren Elternhaus lebt.

»Der Stall aus roten Backsteinen ist inzwischen abgerissen, die Scheune hat ein neues Dach bekommen. Am Eingang unseres Wohnhauses hatten wir damals eine große Veranda, die ganz verschwunden ist.«

Die nächste große Überraschung offenbart sich erst mit Hilfe des Dolmetschers: Olga ist zugleich stellvertretende Vorsitzende der jungen evangelischen Gemeinde Bolschakowo/Kreuzingen, die nach der Wende dort entstand!

Was selbst Werner Idel bei seiner Spurensuche noch nicht erfahren hat, erzählt das Blatt der evangelisch-lutherischen Gemeinden »Auferstehung« (3/2005): Olgas Mann Schenja, der Vater ihres einzigen Kindes, starb 2001. Sie als Mutter und ihr jetzt 12-jähriger Sohn müssen sich aus ihrem Gemüsegarten ernähren, zumal Olga als Installateurin in diesem Winkel des Kaliningrader Gebietes keine Arbeit findet. Daher sitzt der Junge oft auf dem örtlichen Markt und verkauft Kartoffeln, obwohl er als hochbegabtes Kind viel lieber alles Erreichbare lesen und studieren möchte.

»Bei der nächsten Reise«, weiß Werner Idel schon jetzt, »müssen wir Olga wieder besuchen und uns für die Spurensuche viel mehr Zeit nehmen!«

Laute Instrumente mit leisen Tönen

Der Bläserkreis in großer und kleiner Besetzung unter der Leitung von Juri Twerdow kann heute manche Besucher der Gottesdienste in der Kaliningrader Auferstehungskirche und in den Landgemeinden mit seinem Können in Schwingungen versetzen. Das ist keine Selbstverständlichkeit, denn seine Anfänge waren eher deprimierend – eine Verkettung von Schwierigkeiten.

»Es muss doch endlich mal Bewegung in die Sache kommen!«, sagt einer der deutschen Mitarbeiter, als wir beim Aufräumen wieder einmal die vielen Blasinstrumente sehen, die wir als Geschenke aus Deutschland erhielten. Wir sollen in Kaliningrad einen richtigen Posaunenchor entstehen lassen und ihn mit den Instrumenten ausrüsten. Aber trotz intensiver Suche ließ sich noch kein Lehrer für das Blasen von Trompeten, Flügelhörnern und Posaunen finden. Entweder sind die Gehaltsforderungen zu hoch und unsere Kassen dafür zu leer; oder die künstlerische Erwartung ist zu groß und der Wille zum mühsamen Anfängerunterricht zu gering. Vielleicht sind auch die Wege zu weit oder das Üben in einer evangelischen Kirche zu befremdend.

Der Leiter des Staatlichen Symphonieorchesters, Arkadi Feldman, weiß schließlich Rat. In seinem Orchester hat einer der älteren Bläser nach einem Schlaganfall eine Lähmung des rechten Arms zurückbehalten. Damit ist sein Mitwirken im Orchester beendet. »Er ist ein ganz lieber Mensch und kann sehr gut mit Kindern umgehen!« So wird uns Herr G. freundlich empfohlen, und wir merken, wie gern ihm sein früherer Orchesterchef zu einer neuen sinnvollen Aufgabe verhelfen möchte.

Einen Telefonanschluss besitzt Herr G. nicht. Wir müssen also selbst den ersten Schritt eines »Antrittsbesuches« tun, wenn wir uns verständigen wollen. Nach seiner Adresse zu urteilen, wohnt er zentral in der Stadt und hat öffentliche Verkehrsmittel quasi vor der Tür. Das lässt hoffen.

Die mehrstöckigen Wohnblocks sowjetischer Architektur sind nur über die Höfe hinter den Häusern zu erreichen. Manchmal stehen dicht bei den Haustüren ein paar Holzklötze oder provisorische Sitzbänke, wo sich einzelne ältere Bewohner zum Plausch treffen, während sie das Trocknen ihrer Wäsche auf der Leine im Auge haben. Sie beobachten gleichzeitig auch die Hauseingänge, obwohl es bei diesem Gebäude eigentlich nicht nötig wäre.

Die »feineren« Adressen, so wie diese, haben nämlich ihre Eingänge mit einem Code-System gesichert. Nur wer die dreistellige Zahl kennt und die entsprechenden Knöpfe gleichzeitig drückt, kann eintreten. Eine Leiste mit Namensschildern und Klingelknöpfen gibt es nicht. Wer wird schon draußen öffentlich zur Schau stellen, um wessen individuelles Refugium es sich hier handelt?

Ich kenne die Code-Nummer für den Hauseingang zu Herrn G. nicht und wende mich in meiner Hilflosigkeit an die dort sitzenden älteren Frauen (auf Russisch liebevoll Babuschkas genannt). Sie mustern mich wortlos und kritisch von Kopf bis Fuß, haben wohl auch Fehler in meinem Russisch entdeckt.

»Von wo kommen Sie?«

Ich zeige nach drüben zum Prospekt Mira, es ist die Himmelsrichtung Westen. Über den politischen Westen und die evangelische Kirche verliere ich besser kein Wort. Muss ich etwa diesen fremden Leuten schon das Anliegen ausbreiten, warum ich gekommen bin? Das denke ich nur, ohne es auszusprechen. »Hier wohnt Herr G., den muss ich besuchen. Wie heißt der Code?« Ich sage es mit fordernder Bestimmtheit.

Einweihung der Gemeinderäume in Bolschaja Poljana

Eine der Babuschkas winkt zum offenen Fenster der Parterrewohnung hinüber, wo eine Frau sich über ein dickes Kissen gebeugt hat und den Hof überschaut. »Olga, mach der Frau mal die Tür auf!«, ruft sie ihr zu. Den Code muss sie auf diese Weise nicht verraten. Sowjetisch geprägte Vorsichtsmaßnahme.

Das Treppenhaus ist sauber und ohne störende, stechende Gerüche, im Gegensatz zu manchen Häusern mit ständig offenen Eingängen. »Herr G. wohnt in der vierten Etage, das wissen Sie sicher schon«, sagt meine Türöffnerin und gibt sich längst nicht so skeptisch wie die Babuschkas draußen.

Auf mein Klingeln hin betrachtet mich jemand durch den »Spion« in der Tür. Ich muss schon auf dem Flur sagen, wer ich bin. Erst als der Mann drinnen von dem Gruß seines früheren Orchesterchefs hört, dreht sich der Schlüssel im Schloss, und ich darf eintreten.

»Meine Frau ist leider sehr krank«, sagt Herr G. entschuldigend, weil er mir nichts zu essen anbieten kann. So problematisch der Zugang zu seiner Wohnungstür war, so leicht, freundlich und zuvorkommend verläuft unser Gespräch. »Ja, gern komme ich zu Ihnen, sehe mir die Instrumente an und wo wir üben können. Wenn die Kinder noch im Grundschulalter sind, ist das Arbeiten für mich leichter.«

Mit 50 DM Monatslohn ist er zufrieden. Dafür wird er jede Woche ein paar Stunden Schüler unterrichten. Dass wir von den Eltern kein Unterrichtsgeld verlangen können, ist uns von vornherein klar.

Kirchenmusikalisches Training in Kaliningrad: Wer soll hier etwas für wen leisten? Wer dient wem, wer lernt von wem? Diese Fragen spricht natürlich niemand aus, zumal wir uns zwischen Atheisten und verschiedenen konfessionellen Prägungen bewegen, die einander kaum kennen und sich oft mit Skepsis begegnen. Ein Pragmatiker unter unseren Mitarbeitern wischt alle solche Bedenken beiseite und sagt: »Wir sollten für den Unterricht Geld nehmen; denn was es umsonst gibt, kann doch nichts sein. So denken die Leute!«

Herr G. mischt sich da nicht ein. Für ihn schafft gemeinsames Musizieren schon fast automatisch Verbindungen; außerdem können sich alle Beteiligten auf Russisch verständigen. Das macht uns allen Mut.

Wir starten unverzüglich die Werbung für Bläser-Schüler. Über die Abkündigungen nach dem Gottesdienst erreichen wir einige Interessierte. Die fünf zuerst angemeldeten Kinder sind alle zwischen 6 und 10 Jahre alt, dem Wunsch von Herrn G. gemäß. Das Üben soll im Kirchenkeller stattfinden, der wegen der anfänglichen Tonqualität weit genug vom Publikumsverkehr entfernt ist.

»Haben Sie in dem Raum einen großen beweglichen Spiegel?«, fragt Herr G., als wir das erste Treffen vorbereiten. Wir postieren den gewünschten Spiegel direkt hinter einem Tisch in Augenhöhe des Schülers. Herr G. benutzt diesen methodischen Trick, weil er selbst wegen seines gelähmten Arms nicht vormachen kann, wie die Trompete zu halten ist, wie sie angesetzt wird und wie der Luftstrom deutlich werden kann. Das soll der Spiegel dann offenbaren.

Die ersten Übungsstunden verlaufen in fröhlicher Stimmung, nur die Damen am Empfang eine Etage höher beklagen sich vorsichtig über die plötzlichen, schockartigen Ur-Töne aus dem Keller. Als Herr G. merkt, dass er im Einzelunterricht besser vorankommt als mit der Gruppe, lädt er die Kinder zu gestaffelten Zeiten ein.

»Entschuldigung, der Bus kam einfach nicht!« – »Meine Mutter war noch nicht von der Arbeit zurück, deswegen konnte ich nicht rechtzeitig kommen!« – Ich darf nur kommen, wenn mein Opa mitfährt.« – »Du bist noch zu klein, um allein zu fahren, und für zwei Personen können wir nicht immer die Fahrkarten kaufen!« Im Lauf der Zeit hört Herr G. immer wieder andere und durchaus verständliche Entschuldigungen. Meine Aufgabe ist es, mich in der Wartezeit um die begleitenden Erwachsenen zu kümmern. Zum Shopping in der Zwischenzeit haben sie kein Geld, für zusätzliche Fahrten ins Zentrum kein Ticket. Eine kleine Unterhaltung über das Wetter, auch über das neue Kirchengebäude und seine Aktivitäten nehmen sie meist gern an, fühlen sich ein bisschen »angenommen«. Ansonsten warten sie einfach still und beklagen sich auch nicht. Ich lerne täglich neu, wie viel Zeit man in Russland mit Warten totschlägt, aber auch, wie man sie positiv nutzen kann.

Aus Deutschland ruft ein aufgeregter Bläser-Fachmann an, der Unterricht für Jungbläser dürfe erst anfangen, wenn der

Zahnwechsel vollständig abgeschlossen sei. Unsere Verunsicherung nimmt zu. Herr G. aber erklärt, das pubertäre, widerspenstige Alter von Jugendlichen würde ihn zu viel Kraft kosten. Den richtigen Ansatz könne man auch schon im Kindesalter üben. Herr G. kommt weiterhin regelmäßig jede Woche.

Nach einigen Monaten Training ist an einem Sonntag die Zeit reif für einen ersten Auftritt unserer Jungbläser. Die Gemeinde staunt nicht wenig, wie unsere kleinen Bläser fast hinter den Posaunen verschwinden und was sie trotz heftigen Lampenfiebers aus den großen Instrumenten herausholen können. Sie erhalten starken, wohlverdienten Applaus.

Eines Tages sehe ich Herrn G. in einer Ecke unseres halbrunden Foyers am rechten Treppenaufgang sitzen. »Ich warte. Es ist noch niemand gekommen«, sagt er, »aber es sollen ja noch zwei weitere Schüler kommen. Ich bleibe noch hier.« Damit vertieft er sich wieder in sein Buch.

Etwa eine Stunde später gehe ich die linke Treppe hinunter zum Empfang. Da sitzt eine ältere Frau mit ihrem kleinen Enkelsohn, der seinen Trompetenkasten neben sich abgestellt hat.

Die Mitarbeiterin hinter dem Tresen fährt regelrecht auf mich los: »Was ist hier eigentlich los? Die Frau mit dem Kind wartet hier schon über eine Stunde auf Herrn G.!« Ich erkläre ihr, dass Herr G. drüben in der anderen Ecke auch schon vor einer Stunde saß und wartet. »Das hat mir keiner gesagt!«, empört sich die Dame am Empfang. Und Herr G. selbst hat sich wohl auch im Vorbeigehen nicht zu erkennen gegeben. Wir rufen nach ihm – in der Hoffnung, dass sich das getrennte Warten doch noch in musikalische Aktivität umsetzen möchte. Aber der Stuhl drüben in der Ecke ist leer. Herr G. hat das Haus offenbar frustriert und so still verlassen, dass auch die Mitarbeiterin am Empfang nichts davon gemerkt hat. Sie müssen mindestens eine Stunde im gleichen Flur aufeinander gewartet haben und sogar aneinander vorbeigelaufen sein. Kommunikation in Russland hat eben ihre eigenen Gesetze.

An einem der folgenden »Bläsertage« kommt Herr G. überhaupt nicht, hat auch keinerlei Nachricht gegeben. Die Wartenden werden enttäuscht wieder nach Hause geschickt. Es könnte ihm etwas passiert sein. Mein Besuch in seiner Wohnung bringt ein paar Tage später die traurige Klärung. Seine Frau ist nach längerer Krankheit an Krebs gestorben. Der Tag, an dem er nicht zum Unterricht kam, war der Tag ihrer Beerdigung. Niemand bei uns hatte davon erfahren. Kinder und Kaliningrader Verwandte hat er nicht, und so steht Herr G. nun ganz allein. Seine körperliche Behinderung trifft ihn umso stärker.

Von diesem tiefen menschlichen Leid haben wir während der Unterrichtszeiten nichts gespürt. Wir sind betroffen, wie man nicht nur aneinander vorbeiwarten, sondern auch aneinander vorbeileben kann. Wenn ich ihn fragte, wie es seiner Frau gehe, gab er nur die in Russland weit verbreitete, nichts sagende Antwort: »Danke, es geht so. Normal.« Ich hätte es besser hinterfragen sollen, habe es aber versäumt.

Als es wieder einmal um das Auszahlen seines Monatslohnes geht, weist Herr G. das Geld zurück. »Nein, aufhören will ich nicht«, sagt er, »aber ich habe gehört, dass es in Deutschland ein mechanisches Kartoffelschäl-Maschinchen gibt. Kaufen Sie mir bitte von dem Geld so ein Ding, wenn Sie nach Hannover kommen!« Dann erklärt er mir, wie Kartoffel, Apfel oder Möhre aufgespießt und – mit Hilfe einer Kurbel – von einem kleinen rotierenden Messer abgeschält werden. Ich hatte noch nie darüber nachgedacht, mit welchen Schwierigkeiten man als »Einhändiger« im Alltag fertig werden muss.

»Herr G., Sie können auch gern mittags in unsere Küche

kommen, wo die Mitarbeiter alle zusammen essen!« Ich kann es ihm nur kostenlos anbieten. Er bedankt sich dafür, nimmt es aber niemals an. Was mag ihn alles zu dieser Ablehnung geführt haben?

Das Kartoffelschäl-Maschinchen habe ich in Deutschland aufgetrieben und Herrn G. als Geschenk mitgebracht. Er ist dankbar und glücklich, dass er es allein bedienen kann. Eine unscheinbare Bestätigung seiner Selbstständigkeit. Das kleine Glück endet, als das eingesetzte Messer und der mitgelieferte Ersatz kurz nacheinander zerbrechen. An weitere Ersatzmesser hatte ich nicht gedacht. Die Nachfrage bei der Firma in Deutschland ergibt, dass der Hersteller nicht mehr existiert. »Und überhaupt«, so die Stimme am Telefon in Hannover, »wer braucht denn so etwas noch? Kaufen Sie doch die Fertigprodukte aus der Dose!«

Herr G. gibt einige Monate später den Bläserunterrricht bei uns auf. »Meine Verwandten in St. Petersburg haben mich gebeten, zu ihnen zu ziehen. Dann bin ich nicht mehr so allein!«

Herr G. ist ein besonders unauffälliger Wanderer zwischen den Welten. In Kaliningrad sind wir ihm begegnet zwischen Hilflosigkeit und Leistungsbereitschaft, zwischen Einsamkeit und Kontaktsuche, zwischen deutscher und russischer Mentalität.

Ein Brückenbauer

Der VW-Bus ist mit 9 Personen voll besetzt. Unter ihnen sind auch Gäste aus Deutschland, die zum ersten Mal das Kaliningrader Gebiet besuchen. Nördlich von Saranskoje/Laukischken biegt der Wagen von der Landstraße ab, überquert die Bahnstrecke Polessk/Labiau – Sowjetsk/Tilsit.

Nach einem Kilometer endet die Fahrt in einer flachen Einöde.

Was niemand unter den Neuankömmlingen vermutet hätte: Hier stehen vier ganz neue Siedlungshäuser, und dazwischen ein langer eingeschossiger Ziegelbau. Der Zufahrtsweg führt zwischen seitlichen Wassergräben auf einem schmalen Damm entlang. Der Fahrer hat Mühe, den tiefen Spurrillen und Wasserlöchern auszuweichen. Links sind zwei Grünfuttersilos aus deutscher Zeit, rechts halbhohe Feldstein-Grundmauern einer alten Scheune zu erkennen. Es sind Reste eines größeren Einzelhofes aus der Vorkriegszeit. Geradeaus endet der Weg vor einem langen Flachbau, durch dessen schmale Fenster Lichtschein nach außen dringt. Vor dem Eingangstor sind mehrere Autos mit russischen Kennzeichen abgestellt.

Für unsere Mitfahrer ist es eine große Überraschung, als sich die breite Holztür öffnet: Zwischen sauber abgefegten Tischlereimaschinen gehen ein paar Dutzend sonntäglich gekleidete Menschen hindurch und versammeln sich im hinteren Teil der Halle vor gedeckten Tischen. Entlang einer Seitenwand wird gerade ein Buffet aufgebaut: Frauen in weißen Schürzen tragen Schüsseln und Platten mit leckeren Speisen herbei.

Unter den Gästen stehen einige etwas abwartend da, andere begrüßen sich herzlich in deutsch-russischem Stimmengewirr, bis ein untersetzter älterer Herr in der Mitte sich Gehör verschaffen kann: »Liebe Gäste, ich danke Ihnen und euch allen, dass ihr zu meiner Geburtstagsfeier gekommen seid. Besonders möchte ich mich aber bei Galina bedanken, die alles wieder so wunderbar vorbereitet hat!« Dem Jubilar ist die innere Erregung anzumerken. Namentlich begrüßt er dann noch einige hoch stehende deutsche und russische Persönlichkeiten.

Die Menschen in dieser Halle gestalten den Abend zu einem schönen Fest der Begegnung zwischen Ost und West. »Ich war damals bei seinem ersten Hilfstransport mit dabei«, sagt der eine. »Wisst ihr noch, wie er es geschafft hat, sogar die Politiker für Ostpreußen in Bewegung zu setzen?«, ruft ein anderer in die Runde. »Wie viele Arbeitsplätze hat dieser Betrieb hier eigentlich?«, will jemand wissen. Einer der russischen Teilnehmer erkundigt sich, was »Bundesverdienstkreuz« bedeutet. Wer zwischen Russisch und Deutsch dolmetschen kann, ist an diesem internationalen Festabend stark beschäftigt.

Niemand stört sich daran, dass in diesem Raum normalerweise die Maschinen einer Schreinerei dröhnen und Sägespäne fliegen. Und wer es nicht weiß, kann auch nicht mehr erkennen, dass die lange Halle vorher einmal der Kuhstall einer Kolchose war.

Der Jubilar dieses Tages heißt Hans-Ulrich Karalus. Er lebt schon jahrzehntelang in einer idyllischen Gegend in Südhessen, wählte aber diese ostpreußische Einöde für seine Geburtstagsfeier aus. »Das hängt alles mit meiner Lebensgeschichte zusammen«, sagt er bedächtig, und die Anwesenden können an seinem Gesicht ablesen, wie in seinem Innern ein Film abläuft.

Diesen »Film« kann an jenem Abend niemand vorführen, weil es ihn konkret gar nicht gibt. Er würde sowieso bei einem fast 80-jährigen Leben viel zu lang werden, aber der Titel müsste in jedem Fall lauten: »Brücken bauen zwischen Russen und Deutschen«. Wie bei einer soliden Brücke sind die Pfeiler auf beiden Ufern tief verankert, und der Brückenbauer besucht regelmäßig beide Seiten, um das Werk zu sichern und zu stabilisieren.

Die denkwürdige internationale Geburtstagsfeier im August 2001 in der ostpreußisch-russischen Schreinerwerk-

Ein Brückenbauer: Hans-Ulrich Karalus

statt ist ein Meilenstein in einer langen Geschichte des Brückenbauens von Hans-Ulrich Karalus. Die Anfänge liegen – natürlich – in Ostpreußen.

»Ich wurde 1923 im Kreis Angerapp geboren (heute Rayon Osersk), mein Vater war Landwirt. Im elterlichen Betrieb hab' ich gelernt und die Landwirtschaftsschule in Insterburg besucht. Bis dann der Krieg kam mit seinen Schrecken ...«

Wie so viele seiner Zeit- und Leidensgenossen kann Hans-Ulrich Karalus die schlimmen Erlebnisse nicht mehr oberflächlich abstreifen wie ein abgenutztes Kleidungsstück. Sie haben sich in ihm festgesetzt, sind lebenslänglich verwachsen und unauslöschlich. Diese Erlebnisse drängen sich unwillkürlich in seine Begegnungen mit Menschen hinein. Nur durch die Sprache der Versöhnung ist es zu schaffen, dass die schlimmen Eindrücke nicht die Oberhand gewinnen. Das weiß Hans-Ulrich Karalus sehr genau, und die Sprache der Versöhnung hat er gelernt.

»Schon früh haben russische Menschen mein Leben begleitet. Im November 1924 bin ich, gerade ein Jahr alt, den Enten und Gänsen zum Teich nachgelaufen und wäre fast ertrunken, wenn nicht ein zurückgebliebener russischer Kriegsgefangener mein Leben gerettet hätte!« Das betrachtet er gern als eine Art Schlüsselerlebnis für seine späteren deutsch-russischen Kontakte. Und versonnen fügt er hinzu: »Ich war ein Sonntagskind!«

Sein einziger Bruder fällt schon 1941 in Estland, deshalb wird er selbst nicht zur kämpfenden Truppe eingezogen, sondern in einem Pferdelazarett im südlichen Russland eingesetzt. »Monatelang und friedlich«, betont er, »lebten wir dort mit russischen Menschen zusammen.«

Bald darauf wird er jedoch in die schweren Kämpfe um Stalingrad verwickelt, aber nach kurzem Einsatz verwundet ausgeflogen, dann einer Reitereinheit zugeteilt. Er erlebt die Sinnlosigkeit und volle Grausamkeit des Krieges, des Hassens und brutalen Tötens. Das eigene Überleben verdankt er allein den Umständen der Kriegsstrategie, denn seine Reitereinheit wird nach Ungarn und in die Steiermark verlegt und bleibt dort bis zur deutschen Kapitulation. Die englische Siegermacht entlässt die deutschen Reitersoldaten in überraschend würdiger Form ins Zivilleben nach Württemberg.

»Ich bin sehr dankbar«, sagt Karalus in der Rückschau. »Das überstürzte Verlassen der alten Heimat und die traumatischen Erlebnisse der Massenflucht – das alles blieb mir selbst erspart.« Er schließt sich schon bald der evangelischen Kirche an. Auch seine Eltern überleben die Strapazen der Flucht und finden im Westen einen Neuanfang.

In Süddeutschland kann er an seine Vorkriegsausbildung

anknüpfen, wird in den folgenden Jahren Landwirtschaftsmeister und Agraringenieur, gehört später fachlichen Agrar- und Prüfungsausschüssen an. Er heiratet 1951 und wird Vater von drei Söhnen. Die meisten Jahre seines Lebens ist er als selbstständiger Gutsverwalter tätig, zuletzt als Gutsinspektor beim örtlichen Landeswohlfahrtsverband in Hessen.

Zu Ämtern gesellen sich Ehrenämter rasch hinzu. 24 Jahre lang Mitarbeit im Kirchenvorstand seiner evangelischen Heimatgemeinde, für zwei Wahlperioden Mitglied der Landessynode. Schon seit 1952 engagiert sich Hans-Ulrich Karalus im Bund der Vertriebenen (BdV) und gründet 1985 die grenzübergreifende »Landsmannschaft der Ostseedeutschen«. Speziell für die humanitäre Unterstützung des Kaliningrader Gebietes entsteht aus seiner Initiative 1997 die »Partnerschaft Ostpreußen e.V.«

Kein Wunder, dass ihm im Laufe der Jahre manche prominenten Persönlichkeiten aus Politik, Wirtschaft und Kirche begegnen. Viele lassen sich von dem engagierten ostpreußischen Mann mitreißen, sogar zum Mit*reisen.* Die Reiseleitung für solche Gruppen lässt sich der Initiator Karalus in den folgenden Jahren nicht entgehen, wodurch er seine »Solidarvertrauensgemeinschaft« beträchtlich erweitern kann. Er weiß, dass er die Brücken nicht allein bauen und auf Dauer erhalten kann.

Vielleicht ist die Liebe zu seiner früheren Heimat, die so lange unerreichbar war, größer als die Verbundenheit mit der gegenwärtigen Umgebung, wo der normale Alltag herrscht. Gerade das Unerreichbare, das Verschlossene, Verklärte und Verschwundene weckt Erinnerungen, setzt Emotionen frei und fordert zum Einsatz heraus.

Eine Begegnung in Ostpreußen im Sommer 1994 hat ihm besonders viel neuen Auftrieb gegeben.

»Wir haben meinen 71. Geburtstag auf dem Gelände

meines Elternhauses gefeiert!«, schwärmt Karalus, obwohl er dort nichts Bewohnbares mehr vorgefunden hat. »Meine Frau und ich haben im Zelt unter der alten Familienlinde übernachtet, unter dem hohen ostpreußischen Himmel voller Sternschnuppen. Und dann haben die Russlanddeutschen Tische und Bänke aufgestellt, im Freien wurde das Essen zubereitet, zahlreiche Gäste aus der Kolchose und der Dorfgemeinschaft fanden sich ein, sogar aus Königsberg sind Freunde zum Feiern gekommen. Dorfkinder brachten vom Feld und aus den Gärten Blumen mit!«

Diese Geburtstagsbegegnung in seinem Heimatdorf wäre wohl kaum so groß und herzlich ausgefallen, wenn Hans-Ulrich Karalus dort nicht schon bekannt und beliebt gewesen wäre. Zwei Jahre vorher war sein erster großer Hilfstransport angekommen. Er berichtet selbst, wie er einen schweren 38-Tonnen-Lkw mit Kleidung, Schuhen, Möbeln, Fahrrädern, Öfen, Nähmaschinen und Unmengen an Mehl, Zucker, Konserven und Kindernahrung für die Not leidende Bevölkerung über die Grenze brachte.

»Bei den ersten Lieferungen gab es noch keine Zollschwierigkeiten!«, erinnert er sich. »Das waren noch Zeiten! Zusammen mit meiner Frau und dem Technischen Hilfswerk (THW) haben wir viele Transporte auf den Weg gebracht, von Medikamenten bis zu OP-Einrichtungen und Landtechnik für die russlanddeutschen Siedler. Die katholischen und evangelischen Kirchengemeinden haben dann für die Entzollungsformalitäten, die Lagerung und Verteilung gesorgt.« Er denkt besonders an die Leute, denen er auf russischer Seite uneingeschränktes Vertrauen schenken konnte. »Elvira Syroka ist eine von denen, die als Deutsche die ganze Sowjetzeit in Kaliningrad überlebten. Sie ist eine ›Frau der ersten Stunde‹ in der evangelischen Kirchengemeinde geworden. Ich bin ihr dankbar für ihren umsichtigen und tatkräftigen Einsatz.«

Wenn er an die ersten Jahre nach der Wende zurückdenkt, fallen Hans-Ulrich Karalus zahlreiche Begegnungen ein, bei denen sich sein Blick verklärt: »Ich war dabei, als im Juli 1992 vor der Universität das Kant-Ehrenmal durch Marion Gräfin Dönhoff enthüllt wurde. Auch an der Eröffnung des Deutsch-Russischen Hauses konnte ich teilnehmen. Und auf dem Lande erlebten wir die ersten Gottesdienste – so wie es wohl auch im Urchristentum war.«

Er lernt »versprengte« *deutsche* Frauen und Männer kennen, die ihre Identität vor den sowjetischen Razzien erfolgreich verstecken konnten und überlebt haben. Ihm begegnen viele Heimatvertriebene, die auf Spurensuche gehen, genau wie er selbst.

Er trifft aber auch aufgeschlossene *russische* Menschen, die sich so sehr nach der Freiheit ausstreckten wie Juri Iwanow. »Der wurde als junger Rotarmist von Leningrad her nach Kaliningrad versetzt. Und dann ist er selbst von dieser Stadt und ihrer Geschichte gepackt worden. Er hat sich als Schriftsteller bis zu seinem Lebensende (1994) leidenschaftlich für das alte versunkene Königsberg und seine Auferstehung eingesetzt. (siehe im Literaturhinweis unter Nr. 5 auf S. 219). Mit Iwanow und dessen Familie verbindet Karalus eine herzliche Freundschaft.

Jedoch bleibt der unermüdliche gebürtige Ostpreuße nicht von heftigen Rückschlägen verschont:

»Als ich damals erst 57 Jahre alt war, entdeckten die Ärzte bei mir eine schwere Krebserkrankung, und ich war dem Tod plötzlich so nah. Ich musste 1980 vorzeitig aus dem Berufsleben ausscheiden, leider!« Durch plötzlichen Herztod verliert er 1995 seine Frau Lore, mit der ihn eine bewusst christliche Lebensauffassung verband. Als seine beste Mitarbeiterin hat sie ihn regelmäßig und fachkundig auf seinen zahlreichen Transporttouren begleitet. »Ich bin als Schwäbin eine 90-prozentige Ostpreußin geworden!« So urteilte sie über sich selbst.

Trotz dieser tiefen Einschnitte in seinem Leben lässt Karalus sich nicht lange entmutigen. »Versöhnung« soll keine leere Vokabel bleiben, sondern mit Inhalt gefüllt werden. Die russisch-deutsche »Brücke« gewinnt durch seinen unermüdlichen Einsatz immer mehr an Gestalt.

Seit 1978 bereits unterstützt er mit einem wachsenden Freundeskreis und ansehnlichen Spenden viele Menschen im südlichen Ostpreußen, das heute zu Polen gehört. Als 1991 der »Eiserne Vorhang« fällt, ist Hans-Ulrich Karalus einer der ersten, die ins Kaliningrader Gebiet aufbrechen, um nach Verlorenem zu suchen. Er findet nicht nur rasch Zugang zur ganz jungen evangelischen Gemeinde, sondern auch zu den katholischen Mitchristen in dieser Stadt, die vor ähnlichen Problemen des Gemeindeaufbaus stehen. Bei seinen Hilfstransporten wird ihm oft ein Nachtquartier bei den Katholiken der Gemeinschaft Lumen Christi gewährt, die in ihrer Station schon recht früh Übernachtungsmöglichkeit anbieten konnten. »Angesichts von Leid und Not müssen wir doch auf jeden Fall als Ökumene zusammenarbeiten!«, wiederholt er immer wieder – und plant schon längst die nächste Phase des »Brückenbauens«.

Vom Kuhstall zur Schreinerei

Eines Tages im Frühsommer 1995 erhält Hans-Ulrich Karalus eine Anfrage aus der Propstei Kaliningrad. Da sei ein junger Russlanddeutscher, der in einem Forstbetrieb bei Sosnowka (ehem. Forst Sternberg) arbeite und sehr gern eine Schreinerei aufbauen wolle. Der Pensionär mit dem ostpreußischen Herzen macht sich spontan auf den Weg. Der russische Forstmeister und Chef hält seinen jungen Mitarbeiter Viktor S. für geeignet und befürwortet das Vorhaben.

Wo lässt sich denn dort eine Schreinerei aufbauen? Diese Frage bewegt alle, aber keiner stellt sie laut. Die Ernüchterung folgt sofort, als Viktor S. den angereisten Deutschen ein paar Kilometer entfernt einen total maroden Kolchos-Viehstall als mögliche Werkshalle für die Schreinerei vorstellt. Zweifel und Pessimismus machen sich breit. Die größten Probleme stecken ja meistens im Detail. Aber Karalus sieht das ferne Ziel und bleibt optimistisch.

Nach den ersten Schwierigkeiten bei der beginnenden Umorganisation des russischen Staates entwickelt sich Mitte der 90er-Jahre eine positive Grundstimmung in der Bevölkerung. Die gewonnene Freiheit setzt bei vielen Menschen Kräfte frei, ihr Leben und Arbeiten selbst zu gestalten. Von diesem Aufwärtstrend kann auch der Aufbau der Schreinerei profitieren. Die Freunde um Hans-Ulrich Karalus lassen sich von seiner Vision anstecken. Bereits ein halbes Jahr später hat das verwahrloste Gebäude einen festen und trockenen Fußboden sowie richtige Fenster und Türen.

Zur gleichen Zeit entwickeln sich im Rheinland Verbindungen, die man nur als göttliches Einwirken bezeichnen kann: Ein Schreinermeister aus Bonn teilt der Landsmannschaft der Ost- und Westpreußen mit, dass er aus Altersgründen die Maschinen seines Betriebes für einen sozialen Zweck abgeben möchte. Deutsche Fachleute beurteilen die Maschinen so, dass sie besonders für die Herstellung von Fenstern und Türen geeignet seien und einen Zeitwert von 130.000 DM hätten. Der Spender erklärt sich aus Hilfsbereitschaft für Ostpreußen bereit, die Maschinen schon für 30.000 DM abzugeben.

Hans-Ulrich Karalus nimmt unverzüglich Kontakt zu seinen Freunden aus der Politik bis hin zum Bundesinnenministerium auf, bittet um finanzielle Beteiligung und Mithilfe für einen zollfreien Transfer. Von bürokratischen Auflagen auf russischer Seite lässt er sich nicht abschrecken.

Es wird eine »Projektgründung« erforderlich. Der russlanddeutsche Viktor S. erhält jedoch als Forstangestellter keine Erlaubnis dazu, deshalb wird seine Ehefrau Galina S. als Alleineigentümerin der zukünftigen Firma eingetragen, Viktor als Geschäftsführer. Das Einverständnis einer Regierungskommission in Moskau, sonst eine langwierige Prozedur, wird im Schnellverfahren erreicht. Das Projekt soll der »Hilfe zur Selbsthilfe« dienen. Das Ergebnis der sechsmonatigen Aktion beschreibt Karalus mit eigenen, nüchternen Worten, obwohl er sich sehr wohl bewusst ist, dass alles an ein Wunder grenzt:

»Die Schreinerei wurde am 3. Januar 1996 mit Transport- und Begleitfahrzeugen des THW bei schwieriger winterlicher Witterung nach Lomonossowka/Mauern zollfrei ausgeliefert, mit einer Bearbeitungsgebühr von nur 0,05%.

Finanzierung:

- DM 30.000,- an den Spender der Schreinerei
- DM 7.000,- Transportkosten und Verladen
- DM 10.000,- Anschubfinanzierung

Herkunft der Geldmittel:

- DM 25.000,- Bundesinnenministerium (BMI)
- DM 22.000,- Spendengelder «

Hinter dem Slogan »Hilfe zur Selbsthilfe« verbirgt sich für Karalus in der Folge die weitere Aufgabe, für die anzustellenden Mitarbeiter nicht nur Arbeits-, sondern auch Wohnplätze zu schaffen. Das BMI, die Gesellschaft für technische Zusammenarbeit (GTZ) und der DLG Agrarservice sollen das Projekt begleiten. Hans-Ulrich Karalus lässt sich auch von diesen Auflagen nicht ängstigen. Er kann die deutsche Hilfsbereitschaft für das jetzt russische Nord-Ostpreußen gut einschätzen. Und er weiß aus Erfahrung, dass Menschen für konkrete Anliegen sehr viel schneller zur Mithilfe zu motivieren sind als für vage Wunschvorstellungen. Ein groß angelegter Spendenaufruf über Kirchengemeinden und Landfrauenverbände bringt ein positives Resultat.

In Deutschland verbreitet sich unterdessen Karalus' Slogan: »Eine Kuh für Königsberg«. Gelegentlich fährt eine große Kuh-Attrappe bei einem Festumzug mit, dann wieder steht sie zur Spendenwerbung auf einem hessischen Wochenmarkt oder neben dem Rednerpult während eines Ostpreußen-Vortrages. Der Kreis von Freunden und Förderern um Hans-Ulrich Karalus versteht es mittlerweile gut, mit der »Kuh für Königsberg« so umzugehen, dass daraus kein purer »Handel mit Kühen« wird. Im Lauf der folgenden Jahre kaufen sie zwar von den Spenden manche echte Kuh als Existenzgrundlage für bedürftige Familien. Aber die Not hat noch viele andere Gesichter. Aus weiteren zweckgebundenen Spenden entstehen hier in Lomonossowka/Mauern die vier neuen Siedlungshäuser, gedacht für Familie S., wichtige Mitarbeiter und Auszubildende.

Weder die eingetragene Eigentümerin Galina S. noch ihr Mann Viktor sind für die Leitung einer Schreinerei fachlich qualifiziert; es finden sich aber bald ein russischer Schreinermeister, arbeitswillige Mitarbeiter und ein vertrauenswürdiger Betriebsbeobachter. Schon im Frühjahr 1996 können sogar drei Waisenkinder aus einem Heim in Selenogradsk/Cranz im Betrieb ihre Lehrlingsausbildung beginnen. Bald sind 25 Arbeitskräfte im Einsatz, deren Schulung der

Pensionär und Schreinermeister T. aus Deutschland zeitweise übernimmt. Zusätzlich trägt er Mitverantwortung für die Auszubildenden. »Habt ihr schon gehört, dass dort eine Schreinerei arbeitet?« Über Mund-zu-Mund-Propaganda läuft die Werbung gut an, aber das Echo von möglichen Geschäftskunden aus Deutschland bleibt schwach, weil ihnen die ökonomische Lage in Russland zu unsicher ist.

Die Jahre 1996 bis 1998 verlaufen in der Exklave zwar noch unter »Aufwind«, der aber durch die russische Wirtschaftskrise und den Rubelsturz im August 1998 rasch abflaut. Die Bevölkerung macht schon im September Not- und Hamsterkäufe für den bevorstehenden Winter. Der amtierende Gouverneur Gorbenko erklärt die Exklave Kaliningrad zum Notstandsgebiet. Der »Brückenbau«, für den Hans-Ulrich Karalus sich so unermüdlich einsetzt, gerät in eine gefährliche Belastungsprobe.

»In dieser Krisenzeit habe ich fast täglich mit meinen Freunden im Kaliningrader Gebiet telefoniert und weitere humanitäre Hilfe für den nächsten Transport gesammelt.« Karalus resigniert nicht. Sein langjähriger Freund und Dolmetscher, Dr. Wladimir Gilmanow, der als Germanist im Sektor Kulturwissenschaften an der Kaliningrader Universität arbeitet, unterstützt ihn auf russischer Seite nach besten Kräften. Viktor S., der Geschäftsführer der jungen Firma, zeigt sich indessen der großen Verantwortung nicht immer gewachsen. Er versinkt in Frust und Hilflosigkeit, sodass die deutschen Sponsoren die Zukunft der Schreinerei mit Sorge beobachten. Aber Karalus gibt nicht auf und wirbt beständig mit vielen Argumenten um die Weiterführung. Er nennt die Vorteile eines solchen Betriebes: »Der Rohstoff Holz ist im Gebiet selbst vorhanden und muss nicht erst über Grenzkontrollen eingeführt werden; es werden Arbeitsplätze geschaffen und die Arbeitslöhne sind niedrig; reiche Leute leisten sich luxuriöse Neubauten und könnten auch für eine Schreinerei Aufträge bringen.«

Andererseits muss der Markt für die dort hergestellten Türen, Fenster, Massivholzmöbel erst mit Sachkenntnis und Verkaufsgeschick erschlossen werden; der Rubelsturz hat zu spürbarer Verarmung der unteren und mittleren Bevölkerungsschichten geführt; der Exportweg z.B. nach Deutschland ist weit und kompliziert; die Konkurrenz aus den Nachbarländern Polen und Litauen steht in den Startlöchern.

Hans-Ulrich Karalus verfolgt die wirtschaftliche Entwicklung des Gebietes kritisch und durchschaut die prekäre Lage »seines« Betriebes. Er plant und verhandelt, ob und wie das Projekt der Familie S. einer deutschen Stiftung zugeführt werden könnte, um die Vermögenswerte zu erhalten. Es fällt ihm schwer, mit seinen eigenen Altersbeschwerden, seiner langen Erfahrung in Betriebsführung und angesichts der großen Entfernung zwischen Südhessen und Ostpreußen ruhig und gelassen zu bleiben.

»Wenn ich die weiten brach liegenden Flächen rundherum sehe, denke ich schon länger, dass der Aufbau von Landwirtschaft ein zweites Standbein zur Existenzsicherung von Familie S. und auch für die Mitarbeiter werden könnte.« Er berät sich mit anderen Agrarfachleuten, die sich in der Exklave mit dem Aufbau einer eigenen, vielleicht musterhaften Landwirtschaft befassen. Angrenzend an die Schreinerei werden ihm 70 Hektar Ackerfläche zur Pacht angeboten; später kann er die landwirtschaftliche Pachtfläche sogar auf 200 Hektar erweitern. Viktor S. soll die landwirtschaftliche Nutzung zu seinem eigenen Arbeitsschwerpunkt machen, Galina absolviert mit Erfolg einen Agrar-Fachkurs in der Bauernschule Polessk/Labiau. Sie werden es mit Getreide und Gemüse, vielleicht auch mit Moosbeeren versuchen. Die humusreichen Böden Ostpreußens erwärmen sich im Frühjahr schnell. Während einer seiner Rückfahrten nach Deutschland nimmt Karalus eine Handvoll ostpreußischer Erde mit nach Hause, weniger als Bodenprobe, sondern mehr als symbolischen Wert …

Aber die Probleme bleiben bedrückend: Eine großflächige Entwässerung des gesamten Geländes kann erst mit einer großen Finanzhilfe aus Deutschland in Gang gesetzt werden; gezielte Unkrautbekämpfung und Einsatz von Spritz- und Düngemitteln sind erforderlich; die vorhandene Landtechnik ist nicht nur veraltet, sondern oft sogar schrottreif. Immer neue Hindernisse türmen sich auf, zugleich wird es schwerer, sie über die große Entfernung von Deutschland aus zu beseitigen.

Doch der Mensch lebt nicht vom Brot allein. Eines Tages im Jahr 1999 meldet sich Hans-Ulrich Karalus in der Auferstehungskirche Kaliningrad und erklärt, dass er sein Lebenswerk in Nord-Ostpreußen mit dem Bau eines Gemeindehauses krönen möchte – und zwar in unmittelbarer Nähe der Schreinerei, wo schon ein Grundstück vorhanden ist. Er weiß, dass sich die zweitgrößte Gemeindegruppe der Propstei (damals etwa 89 evangelische Familien) dort in der Nähe in einem düsteren, stundenweise angemieteten »Kulturhaus« trifft, wobei es ganz von der Willkür der Behörden abhängt, wann und wo sich die Menschen wieder einen anderen Gottesdienstraum suchen müssen. Diese »Gemeinde auf Wanderschaft« soll nun sesshaft werden.

Trotz der zunehmenden finanziellen Probleme und wirtschaftlichen Sorgen gelingt es Hans-Ulrich Karalus zusammen mit seinem Freundeskreis, das langgestreckte Gemeindehaus als Neubau und mit beträchtlichen privaten Geldspenden buchstäblich »aus dem Boden zu stampfen«. Ein Architekt aus Süddeutschland übernimmt ehrenamtlich die Planung und kommt immer wieder nach Lomonossowka zur Baubetreuung, bis ihn 2004 ein plötzlicher Tod ereilt. Die Schreinerei hat nicht nur das Dachgebälk und die Fenster geliefert, sie stellt auch die gesamte Bestuhlung sowie Altar, Lesepult und Kanzel her. Ein praktischer Zweckbau ist entstanden: außer dem Gemeindesaal sind Räume für den Kindergottesdienst vorhanden, für eine mögliche Sozialstation (Ambulanz), für eine Küche. Fleißige Hände sorgen für die Innenausstattung mit Gardinen und Stuhlkissen. Das Gebäude wird im November 2005 nach längerer juristischer Prozedur auf die Propstei Kaliningrad überschrieben.

Wie könnte das Haus in Zukunft auch außerhalb der Gottesdienste optimal genutzt werden? So fragen sich die Verantwortlichen. Es könnte ein »sozial-kulturelles Zentrum« für die Bevölkerung werden, vielleicht einen Kindergarten beherbergen oder auch Platz für eine Zahnarztpraxis bieten.

Im April 2001 wird die Einweihung des neuen Gemeindehauses gefeiert. »Für uns ist das ein großes Geschenk des Himmels!«, sagt eine Frau unter Freudentränen. Hans-Ulrich Karalus hätte seinen 78. Geburtstag im August 2001 auch in dem neuen Gemeindesaal feiern können, aber der Empfang in dem früheren Kolchosstall, der zur Schreinerei wurde, erschien ihm wohl noch geschichtsträchtiger.

Was auf Dauer in diesem unsicheren Land mehr Bestand haben wird, sei dahingestellt: die Schreinerei, die Landwirtschaft oder das Gemeindehaus? Alle drei Bereiche sind abhängig von Menschen: wie sie planen und führen, ob sie schwanken und versagen, wann sie kommen und weggehen. Und nicht nur das: Das übergeordnete politische Regierungsgefüge bestimmt, ob hier die Mechanismen des Marktes staatlich zentral gesteuert werden oder ob das freie Spiel der wirtschaftlichen Kräfte wirken darf. Es regelt auch, was ausländische Investoren an welchem Ort unternehmen dürfen.

Es wacht darüber, wo und wie sich religiöses Leben entwickelt. Das postsowjetische Russland bezeichnet sein Staatssystem als »gelenkte Demokratie«. Das kann manchen »Brückenbau« verzögern und der Motivation der Sponsoren schaden.

»Oft stelle ich mir die Frage«, sagt Hans-Ulrich Karalus wie im Selbstgespräch, »was mich immer wieder nach Königsberg führt, und woher ich die Kraft bekomme für solche Einsätze. Die Antwort ist: In meinem Elternhaus bin ich christlich erzogen worden. Ein fester christlicher Glaube weist mir den Weg für mein Ziel oder Vorhaben. Das gibt mir auch die Zuversicht auf Gottes Beistand und den Glauben an die Menschen dort und an ein erfolgreiches Miteinander. Mein Tag beginnt mit der Lesung aus den Herrnhuter Losungen, das heißt, Gott ist durch sein Wort mein Begleiter und Helfer im Alltagsgeschehen. Ich besitze noch ein kleines Gesangbuch, 1936 in Insterburg gekauft. Dieses Büchlein hat meine Eltern auf der Flucht begleitet, und auch ich finde hier lebenswichtige Worte, Lieder und Gebete.«

Trotzdem bleibt Hans-Ulrich Karalus politisch-realistisch: »Ich bin in Ostpreußen als »Landkind« geboren und aufgewachsen. Ostpreußen ist meine Heimat, aber auch für die heute dort lebenden Menschen – eine gemeinsame Heimat, eine Brücke nach Europa.«

Und ein russischer Freund sagt über ihn: »Er vermittelt nicht nur materielle Hilfe, sondern auch moralische Werte, die er vorlebt.« Seit Hans-Ulrich Karalus 1995 bei einer Kranzniederlegung in Wolgograd (ehem. Stalingrad) die Stätte des Grauens wiedergesehen hat, ist ihm vollends bewusst geworden, dass man sich dem Frieden nur durch ständiges Brückenbauen nähern kann. Und zwar durch unermüdlichen Einsatz und mit unzähligen Bausteinen.

Alles nur postlagernd, bitte!

Den Anruf aus der evangelischen Kirchengemeinde Moskau nehmen wir zunächst auf die leichte Schulter. Der dortige Pastor erzählt, bei ihm habe sich ein junger Mann gemeldet, der schon wiederholt den Wunsch geäußert habe, nach Kaliningrad überzusiedeln. Er sei überzeugt, dass er schon Arbeit finden werde. Er habe von der Entstehung der Firma Avtotor-BMW im Kaliningrader Gebiet gehört und möchte es dort versuchen.

»Es wäre gut«, sagt der Moskauer Kollege abschließend zu meinem Mann, »wenn ihr ihn ein bisschen unter eure Fittiche nehmen könntet. Er kommt hier treu zum Gottesdienst, spricht einigermaßen Deutsch, ist aber offenbar ganz allein.«

Irgendwann in den folgenden Tagen – wir haben das Gespräch schon fast wieder vergessen – steht der junge Mann bei uns vor der Tür. Er stellt sich als Oleg Wilanskij vor, Jahrgang 1970. Seine Gestalt ist schmächtig, er wirkt fast unterernährt. Wenn er spricht, bekommt seine Stimme einen röchelnden Klang, er scheint ständig gegen Hustenreiz anzukämpfen. Vielleicht ist es aber auch die Aufregung, denn seine wenigen Worte kommen nur zögernd und leicht stotternd heraus. Welche Erwartungen mag er bei dieser ersten Kontaktaufnahme in sich tragen? Nach der langen Bahnreise wirkt er sehr erschöpft, lässt sich auf dem angebotenen Stuhl nieder und legt seine knautschige Reisetasche neben sich auf den Fußboden.

In der Küche des Gemeindezentrums erhält er noch einen Teller warme Suppe, während die Köchin gerade dabei ist, die Reste vom Mittagessen wegzuräumen. Sie beobachtet den unbekannten Gast ziemlich argwöhnisch, als wolle sie sagen, dass wir auf ihn nicht gerade gewartet hätten.

»Nein, ein Quartier zum Übernachten habe ich noch

nicht«, sagt Oleg unmissverständlich. Wir verständigen uns draußen mit dem Hausmeister, während Oleg in der Küche schweigend seine Suppe auslöffelt. Es ist ja nicht das erste Mal, dass ein armer Mensch hier um eine vorübergehende Bleibe bittet. Der Hausmeister schluckt gehörig und bietet dann eine Ecke im Heizungshaus an, wo man eine Pritsche aufstellen könnte.

»Morgen gehe ich gleich zu Avtotor-BMW und stelle mich vor wegen der Arbeit!« Oleg ist sichtlich erfreut, dass er erst einmal hier übernachten kann, und bedankt sich herzlich. Mein Mann kündigt bei der Firma telefonisch Olegs Besuch an. Vielleicht öffnet ihm das die Türen etwas leichter.

Von seinem Vorstellungsbesuch kommt Oleg völlig ernüchtert und zerknirscht zurück. Er sitzt vornüber gebeugt auf ein paar Brettern neben dem Heizungshaus und antwortet mit keinem einzigen Wort. Die Verantwortlichen haben ihn wohl von Kopf bis Fuß gemustert und dann auf Grund seiner nicht vorhandenen Qualifikation höflich, aber bestimmt vor die Tür gesetzt. In diesem Musterbetrieb, der als ein reines Montagewerk begann, arbeiten die Fachleute in hellen Kitteln, wobei die Knöpfe sogar hinter der Knopfleiste verdeckt sind, damit der Lack der Nobelkarossen keinen Kratzer bekommt. Für Leute wie Oleg ist hier überhaupt kein Platz. Sein Traum vom Job in Kaliningrad ist damit geplatzt.

Was sollen wir tun? Oleg sagt, er würde jede Arbeit machen, wenn er nur noch eine Zeitlang bei uns bleiben dürfte. Mein Mann berät sich mit dem Hausmeister: »Sicher, das Grundstück rund um die Kirche ist jetzt noch an manchen Stellen in traurigem Zustand«, überlegen die beiden, »Oleg könnte ein größeres Stück auf diesem ehemaligen Friedhofsgelände umgraben und planieren, damit es neu eingesät werden kann.« Oleg nimmt die Arbeit bereitwillig an. Er zieht mit seiner wenigen Habe in eine Bauhütte am Ende des Grundstücks. Jetzt im Sommer mag der nicht beheizbare Raum genügen. »Die Arbeit an der frischen Luft wird ihm gut tun«, sagen sie übereinstimmend.

Oleg schuftet unentwegt, sein Fleiß ist bewundernswert. Zum Mittagessen ist er mit in die Gemeinschaftsküche eingeladen, aber er taucht immer erst auf, wenn die meisten Mitarbeiter schon gegangen sind. Berührungsängste.

Eines Tages fährt auf der angrenzenden Straße ein Polizeiauto relativ langsam vorbei. Ich sehe, wie Oleg voller Aufregung den Spaten zur Seite wirft, fluchtartig hinter das Heizunghaus rennt und sich dort versteckt. Erst als der Wagen außer Sicht ist, kommt er zögernd zurück und nimmt seine Arbeit wieder auf. Wir spüren bei ihm eine latente Angst und Menschenscheu.

Nach einem verspäteten Mittagessen spreche ich Oleg auf das Erlebnis mit dem Polizeiauto an. Damit öffne ich ein Ventil, und es sprudelt nur so aus ihm heraus. Seine Erzählung verwirrt mich so, dass ich tagelang brauche, um das Gehörte einigermaßen zu sortieren.

»Ich habe keine Wurzeln mehr«, sagt er von sich selbst. Von seinen Großeltern her hat er jüdische Vorfahren – teils rumänische aus Siebenbürgen, teils deutsche, teils russische und schwedische. Seine Eltern ließen sich scheiden, als er vier Jahre alt war, er wuchs zwischen den familiären Fronten auf. Seine Mutter zog nach Rumänien und lebt schon lange in einer neuen Familie, sein Vater ging nach Schweden, wo er sich als Jude sicherer fühlte. Wo und bei wem er selbst eigentlich aufwuchs, sagt Oleg nicht. »Ich habe aber einen russischen Pass – leider!« Das erwähnt er offenbar, um vor weiteren Nachfragen verschont zu werden.

»Wieso *leider?*« Es rutscht mir so heraus. So verwirrend seine Angaben auch sind, so klar ist sein Fernziel: Er will weg aus Russland! Er sieht sich als Opfer von Verleumdungskampagnen wegen seines jüdischen Vaters und seiner rumänischen Mutter. Als er noch ein halbwüchsiger Junge war, hat er offenbar während der Sowjetzeit übelste Beschimpfungen und Schläge über sich ergehen lassen müssen. Das hat ihn traumatisiert und in einen schlimmen Verfolgungswahn geführt. Sein Misstrauen ist abgrundtief.

Als wir ihm wegen möglicher postalischer Nachrichten anbieten, dass er die Adresse unserer Kirche angeben könne, lehnt er das vehement ab. »Nein, nur nicht! Die da am Empfangstresen wollen ja doch nur meine Post lesen!« So gibt er immer nur »postlagernd« an, eilt fast täglich im Schutz der Dunkelheit zum Postamt, um nachzufragen. Meistens vergeblich. Eines Tages bittet er mich, ob ich nicht wegen seiner Post dort nachfragen könne. Die Damen am Schalter würden ihn nur auslachen und verspotten, wenn er so oft käme und meistens umsonst. Die eine habe gesagt: »Wenn Sie wirklich Russe sind, haben Sie doch eine richtige Adresse. Und warum geben Sie die nicht an??« Danach werden seine Ängste noch schlimmer. Er macht sich nicht klar, dass ich ihn ungewollt noch mehr ins Licht der Öffentlichkeit zerren würde, wenn ich als Deutsche seine Post per Vollmacht in Empfang nähme.

Oleg gräbt den ganzen Sommer über das Grundstück um, das früher ein deutscher Friedhof war. Gelegentlich findet er Skelettteile. Es ist eine kalte und bedrückende Arbeit, doch wir haben nichts anderes für ihn. Die Mitarbeiter vermeiden möglichst jede Begegnung mit Oleg – und er mit ihnen.

Als der Herbst mit der ersten Kälte kommt, ist Oleg eines Tages verschwunden. Der Hausmeister findet in der Bauhütte seine alte Reisetasche mit ein paar Utensilien. Eine polizeiliche Suche nach ihm wird abgewiesen, weil er nirgendwo offiziell gemeldet sei. Man werde aber trotzdem den Fall im Auge behalten.

Einige Wochen später erreicht uns ein Brief von Oleg aus Deutschland. Er sei über Bremen nach Westfalen in ein Aufnahmelager geschickt worden, dort habe man ihm wieder Sachen gestohlen und ihn als »Jude« und »Hund« beschimpft. »Auch in Deutschland haben sie mir alle meine Rechte abgenommen«, schreibt er verbittert, »sie wollen mich einfach nicht! Sie sind vom Teufel! Warum hat Gott mich zwischen so schlechte Leute geworfen?« und sagt fast drohend: »Aber lebendig werden sie mich nicht wieder nach Russland abschieben!«

Wir nehmen den Briefwechsel mit ihm wieder auf, natürlich postlagernd. Wir geben ihm Adressen von uns bekannten Pfarrämtern und diakonischen Einrichtungen in Westfalen. Aber Oleg nimmt die angebotene Hilfe aus Misstrauen kaum in Anspruch. Wegen der ständig drohenden Abschiebung kann er auch manches gar nicht erst annehmen. Er sei kein solcher »Härtefall«, urteilt die Behörde streng, und könne darum nicht in Deutschland bleiben. »Sie sind ohne gültige Übernahmegenehmigung mit einem Schengen-Visum eingereist. Die Erteilung eines Aufnahmebescheides wird abgelehnt«, heißt es.

Im Spätherbst teilt uns Oleg in tiefer Trauer mit, dass sein Vater in Schweden an irgendeiner Straße tot aufgefunden wurde. Ein mysteriöser Tod, der Olegs Zweifel an einem gütigen Gott und seiner Welt nur weiter verstärkt. Dieser plötzliche Verlust trifft ihn umso stärker, als er gerade versuchen wollte, in der Nähe seines Vaters in Schweden Asyl zu finden. Als auch das abgelehnt wird, schreibt er uns, andere EU-Länder seien inzwischen für ihn zuständig.

Sein letzter Brief erreicht uns aus Holland. Er fürchtet, dass er auch hier wieder abgeschoben wird, weil er schon mehrfach Berufung eingelegt hat. »Ich habe meine russische Staatsangehörigkeit jetzt offiziell abgeworfen, also bin ich ganz staatenlos.« Er bittet inständig darum, wir möchten ihm doch seine persönlichen Sachen aus der Kaliningrader Bauhütte bringen oder schicken, besonders die Uhr von seinem Vater. Er wisse schon selbst nicht mehr, was noch alles dort liege. »Sie können das auch ins Feuer werfen. Ich möchte nicht, dass Spuren von mir in Russland bleiben.« Wir sichten seine Sachen, waschen sie noch einmal frei vom »Muff« der Jahre und schicken ihm das Paket nach Holland. Natürlich postlagernd. Ein Echo kam nicht mehr.

Gemischte Gefühle bleiben zurück. Haben wir selbst genug unternommen, um ihm weiterzuhelfen? Hat er wohl im Glauben Halt gefunden oder ist er restlos in Verzweiflung versunken? Es ist die Sorge und das Gebet um diesen hin- und hergeworfenen Menschen und die eigene Machtlosigkeit. Die Begegnung mit Oleg war kurz und unauffällig, aber sehr nachhaltig.

Schreie aus der Dunkelzone

»Ich heiße Alexander Asanov, bin in einer normalen russischen Familie geboren und aufgewachsen. Vater und Mutter arbeiteten in einer Chemiefabrik. Mein Vater hatte eine leitende Position. Ich war ein gutes Kind, habe nicht schlecht gelernt, Sport getrieben und auf meine Eltern gehört. Nichts hat auf etwas Übles hingewiesen. Mit der Zeit begannen sich die Umstände in unserem Land zu ändern, das war Anfang der 90er-Jahre. Das kommunistische Regime brach in unserem Land zusammen und damit auch die wirtschaftliche Lage. Meine Eltern haben das sehr schwer verkraftet. Die Fabrik, in der sie arbeiteten, war nahe am Bankrott, mehrere Monate wurde kein Gehalt gezahlt, in den

Läden gab es nichts zu kaufen. Alle »leuchtenden Ideale«, an die meine Eltern bisher geglaubt hatten, waren verschwunden.

In dieser Ausweglosigkeit begann mein Vater zu trinken. Meine Eltern konnten sich nicht mehr in der nötigen Weise um meine Erziehung kümmern. Ich war oft mir selbst überlassen.

Ich lernte nicht mehr gut, gab den Sport auf. Den größten Teil meiner Zeit verbrachte ich auf der Straße. Ich geriet in eine Gesellschaft, in der alle älter waren als ich. Viele von ihnen tranken und nahmen Drogen. Eine gewisse Zeit lang hatte ich mich unter Kontrolle; doch eines Tages überkam mich die Neugier. Einer meiner Kameraden bot mir an, einmal zu probieren, und ich willigte ein. Beim ersten Mal gab es die Droge kostenlos. Mir hat das gut gefallen, und ich wollte noch einmal. Doch für die zweite Dosis musste man zahlen. Ich wusste nicht, woher ich das Geld nehmen sollte, aber ich wollte unbedingt wieder die Nadel setzen. Deshalb beschloss ich eine Verzweiflungstat. Ich stahl bei meinen Eltern Familienwertsachen. Das Geld, das ich dafür bekam, hat nicht lange gereicht. Jeden Tag brauchte ich eine neue Dosis. Die Diebstähle zu Hause wurden zur Routine.

Als es keine Wertgegenstände mehr gab, musste ich auf der Straße stehlen. Ich bekam Probleme mit dem Gesetz, wurde zweimal festgenommen und wegen Diebstahls und Raubes verurteilt. Das hielt mich jedoch nicht davon ab, wie von einer unsichtbaren Kraft getrieben, immer wieder Drogen zu nehmen. Meine Eltern, die mir helfen wollten, haben mich mehrere Male zum Entzug ins Krankenhaus gebracht. Aber auch das hat nicht geholfen. Ich landete immer wieder bei den Drogen. Ehrlich gesagt, ich habe nicht geglaubt, dass ich da wieder rauskomme. Ich hoffte nur noch auf den Tod.

Eines Tages traf ich meinen alten Freund, mit dem ich

irgendwann gemeinsam gespritzt hatte. Ich habe ihn kaum wiedererkannt. Er war ein anderer Mensch, gesund, gut aussehend, zielstrebig. Er erzählte mir, dass man ihm in einem Rehabilitationszentrum geholfen habe, von den Drogen wegzukommen. Zuerst habe ich es nicht geglaubt, doch er hatte sich so stark verändert, dass ich beschloss, Näheres über das Rehabilitationszentrum zu erfahren. Nach einem Monat war ich bereits dort. Im Zentrum konnte ich mit anderen Augen mein Leben und mein Problem betrachten. Ich lernte, abstinent zu leben, mit meinen Händen zu arbeiten. Mein Leben bekam wieder einen Sinn. Das Wichtigste war: Ich fand zum Glauben, der mich regelrecht befreit hat. Nach der Rehabilitation, die für mich fünf Monate dauerte, beschloss ich, als Mitarbeiter im Zentrum zu bleiben. Meine Eltern, die die Veränderungen an und in mir sahen, kamen aus dem Staunen nicht mehr heraus. Nach kurzer Zeit gab mein Vater das Trinken auf und fand auch zum Glauben. Heute ist meine Familie glücklich – und das alles durch Gottes Fügung. Ich habe große Pläne für die Zukunft. Jetzt arbeite ich im christlichen Rehabilitationszentrum und möchte denen, die hier ankommen, helfen, dass sie in die Gesellschaft zurückfinden. Ich möchte das professionell tun …«

So weit Alexander. Nachdem er seine eigene Therapie in Kemerowo in Sibirien (rund 200 Kilometer östlich von Nowosibirsk) absolviert hat, kommt er als erster Leiter einer neuen Anlaufstelle für Drogenabhängige ins Kaliningrader Gebiet. Dort arbeitet er seine Helfer und Nachfolger ein.

Es gelingt ihm, einen russischen Träger- und Wohltätigkeitsverein zu gründen, dessen Direktor ein ehemaliger Militärpilot ist, der jetzt als Geschäftsmann in Kaliningrad arbeitet. Der Verein trägt den vielsagenden Namen »Gesunde Generation«.

Auf halber Strecke zwischen Kaliningrad/Königsberg und Selenogradsk/Cranz liegt abseits der Hauptstraße Schatrowo, das frühere Gut Norgehnen. Dort leben die Betreuer auf engstem Raum einer ehemaligen Dorfschule mit zurzeit 14 jungen Leuten zusammen, die sich freiwillig hier eingefunden haben und der Drogenszene entkommen möchten. Wegen seiner Größe nennen sie ihre Anlaufstation »Minizentrum«.

Was treibt diese Sibirier vom anderen Ende des Erdballs ausgerechnet in die heutige russische Exklave Kaliningrad?

So wie Alexander den Niedergang der sowjetischen Ära, den Zerfall der kommunistischen Ideologie und das Zerbrechen der eigenen Familie im weiten Russland erlebt hat, so traf und trifft es auch viele Menschen im Kaliningrader Gebiet. Hier vielleicht noch schlimmer, denn diese Exklave ist nach der Öffnung den westlichen »Verlockungen« am meisten ausgesetzt. Auch wenn sie sich gegen die umgebende EU scharf abgrenzt, sind die Grenzen doch nicht so dicht, dass nicht der Schmuggel, auch mit Drogen aller Art, üppig blühen könnte.

Die Kaliningrader Administration sieht die Drogenschwemme sehr wohl, wenn sie das Gebiet mit zu den am schlimmsten gefährdeten Regionen der Russischen Föderation zählt. Besonders betroffen sind hiervon jüngere Menschen zwischen 12 und 30 Jahren, wobei sehr viele Abhängige ohne Therapie das 30. Lebensjahr schon nicht mehr erreichen. Zu dieser Altersgruppe gehören – bei einer Gesamteinwohnerzahl von etwa 1 Million – rund 200.000 Menschen, von denen nach Auskunft der Fachleute etwa 20 Prozent Kontakt zur Drogenszene haben. Jeder Abhängige steckt neue Jugendliche an. Aber die von der Regierung zur Verfügung gestellten Mittel reichen bei weitem nicht aus, um nachhaltige Therapiemaßnahmen durchzuführen. Viele junge

Menschen sterben in ihrem Elend; die Folgen für die Gesellschaft sind schrecklich. Diese Not ist ein ununterbrochener stummer Schrei, aber sie liegt in der Dunkelzone, im Abseits. Von dieser Not hört und sieht der normale Tourist nichts oder nicht viel. Er soll ihr auch nicht begegnen.

An einem Sommertag im Jahr 2002 fahren wir in eine einsame Gegend im Südosten des Kaliningrader Gebietes, wo die nördliche Rominter Heide eine anmutige wellige Landschaft bildet. Vor dem Krieg lagen hier zahlreiche Gutshäuser und Einzelhöfe, idyllisch eingebettet in Wälder und Ländereien.

»Früher mit Pferd und Wagen war dieser Weg mit seinen tiefen Spurrillen leichter zu befahren als heute mit dem Auto!«, sagt unser ortskundiger Begleiter. Rechts und links sieht man immer wieder ruinenhafte landwirtschaftliche Gebäude. »Die russische Front rückte am Ende des Krieges von der nahen östlichen Grenze vor und zerstörte blindwütig die meisten Gebäude, auch in dieser dünn besiedelten Gegend.«

Hinter einer Kuppe taucht plötzlich ein neues rotes Ziegelhaus mit mehreren Erkern im langgestreckten Dach auf. Im Vorgarten sind einige Blumenbeete neu angelegt. Ein großer, ausladender Baum vor dem Haus lässt ahnen, dass hier eine Art Rondell gewesen sein muss, damit die Kutschen vor einer Freitreppe vorfahren konnten. Diese Treppe gibt es aber nicht mehr.

Einige junge Männer treten aus der Kellertür und begrüßen uns freundlich, laden uns direkt zum Tee ein. Zwei Mädchen hantieren eifrig an einer Propangasflasche und setzen einen Wasserkocher in Gang.

»Wir haben hier noch keinen richtigen Stromanschluss, nur einen Generator im Keller«, erklärt der Älteste von ihnen, der etwa 25 Jahre alt sein mag. Er gibt sich als Sprecher der Gruppe zu erkennen. Wir erfahren, dass die jungen Leute hier in »Snamenka« in einem Therapiezentrum zusammen leben. Ein Jahr lang werden sie geistig und geistlich betreut, um von der Nadel weg zu kommen. »Seit November 1999 konnten hier schon eine Reihe Drogenabhängige ihre einjährige Therapiezeit erfolgreich abschließen«, erzählt der Sprecher. Dann beauftragt er seinen Freund Igor, mit uns durch das Haus zu gehen.

Wir betreten eine große Küche, in der viele Menschen gleichzeitig arbeiten können. Es gibt ein gemeinsames Wohnzimmer, in dem die Sitzmöbel wohl oft im Stuhlkreis stehen. Im Obergeschoss sind die Schlafräume, meist liegen einfache Strohsäcke oder Matratzen auf dem Boden. Hier unter dem Dach ist baulich viel zu tun; die sanitären Anlagen sind noch sehr primitiv.

»Das Wasser in dieser Gegend ist von bester Qualität, und wir haben einen guten Brunnen!«, sagt Igor und verrät nebenbei, dass seine Eltern hinter dem Ural in einer großen, schmutzigen Industriestadt leben. »Aber es ist schon gut, wenn man ganz woanders eine Therapie macht. Wir sind jetzt gerade 15 Leute hier, einer ist leider neulich rückfällig geworden und nicht wiedergekommen.«

Hinter dem Haus haben sie einen Gemüsegarten angelegt. Die vielen Reihen von Möhren, Zwiebeln und Kartoffeln lassen vermuten, dass die Ernte wohl zur Selbstversorgung reicht.

Es bleibt nicht aus, dass nach der Finanzierung der Einrichtung gefragt wird. »Das kommt fast alles aus Deutschland«, antwortet Igor, und man merkt, dass der Junge diesen Komplex von Finanzierung und Organisation nicht überschauen kann. Er ist einfach nur dankbar, dass er hier eine Zeit lang leben kann und Hilfe erfährt. Über die Vorgeschichte des Hauses weiß er so gut wie nichts.

Bis 1945 stand an dieser Stelle der große Gutsbetrieb »Disselwethen« der Familie Burchard. Etwa hundert Menschen waren hier beschäftigt, bis der Krieg mit Flucht und Vertreibung alles vernichtete. In den 70er-Jahren werden die Reste der verwahrlosten Anlage bis auf die Grundmauern abgerissen.

Als 1992 der deutsche Landwirt Hans-Georg Burchard sein elterliches Anwesen wiedersieht, reift in ihm der Entschluss, es neu aufzubauen und nach und nach einen russisch-deutsch geführten »Musterbetrieb« daraus zu machen. Mit großen Mühen schafft er in den Jahren 1996-98 den Aufbau des Hauses, wird aber im Frühjahr 1999 Opfer eines gewalttätigen Raubüberfalles, den er nur knapp überlebt. Daraufhin muss er sein persönliches Engagement aufgeben. Er überträgt es auf seinen Sohn Matthias mit der Maßgabe, das wiedererstandene und noch unvollendete Haus einem sozialen Zweck zur Verfügung zu stellen.

»So sah es aus, als mein Neffe und ich hier anknüpften«, sagt Traugott von Below, für den Disselwethen/Snamenka auch ein Stück Heimat bedeutet, weil er aus dem benachbarten Gumbinnen stammt. Er ist der Schwager von Hans-Georg und Onkel von Matthias Burchard. »Mein Name ›Traugott‹ ist mir dabei zur Motivation geworden: Verlass dich stets auf Gott, den Herrn, dann bist du nicht verlassen! Ich sah das vorhandene Haus. Zugleich wusste ich um die Not und den Handlungsbedarf in der Drogentherapie. Es war wie ein Fingerzeig Gottes. Mein Neffe ist da mit mir auf einer Linie, auch geistlich.«

Das sagt ein inzwischen pensionierter Berufssoldat, der es in der Bundeswehr bis zum Oberstleutnant gebracht hat. 1982 wurde er nach längerem Suchen im Alter von 42 Jahren ein bewusster Christ, was er auch in seiner aktiven Berufszeit vor seinen Soldaten nicht versteckte. »Aber auch als Pensionär möchte ich Gott weiter dienen und seine gute Ordnung verwirklichen helfen.«

Onkel und Neffe finden rasch die erforderlichen Kontakte im Kaliningrader Gebiet. Sie haben schon von der Arbeit des katholischen Pfarrers Pawletta unter Straßenkindern gehört. Dann lernen sie eine Initiative gegen Drogen kennen, die in Orechowo (früher Wilkendorf, nördlich von Wehlau gelegen) seit 1995 in einem heruntergekommenen Kindergarten ein Therapiehaus für etwa 20 Abhängige betreut. In Zusammenarbeit mit dieser Einrichtung und einer anfänglichen Unterstützung durch die evangelisch-lutherische Kirchenleitung in St. Petersburg kann nun in dem Burchardschen Haus in Snamenka ein neues Therapiezentrum entstehen.

Über Rundbriefe und Vorträge bauen sich Onkel und Neffe einen Freundeskreis in Deutschland auf, der die »Drogenhilfe Snamenka« nach Kräften unterstützt.

»Unsere jungen Leute, die dort in die Therapie kommen, müssen das selbst auch wirklich wollen, sonst hat es keinen Zweck. Dann folgen fünf harte Tage unter Gebet, und danach geht es ohne jedes Medikament bis zum Entzug!« Von Below sagt das so kurz und knapp, aber jeder Kenner weiß, wie viel inneres Ringen und welche physischen Qualen mit einer gründlichen Entzugstherapie einhergehen. »Ganz wichtig ist für alle die Arbeit mit den eigenen Händen. Da finden sie Bestätigung und Anerkennung, weil sie sich mit Garten- und Feldarbeit, Kochen, Putzen und ähnlichen Tätigkeiten selbst versorgen müssen. Wir haben hier 32 Hektar zur Nutzung frei, aber wir nutzen davon erst 10. Wir möchten so gern einen größeren landwirtschaftlichen Lehrbetrieb aufziehen! Ach, wenn es nicht so viel bürokratische Hindernisse gäbe!«, seufzt er und fügt hinzu, der russische Staat habe wohl die Drogenproblematik erkannt, es fehle aber bislang noch an gezielten Aktionen.

Jugendliche im »Minizentrum« Schatrowo

Die deutschen Initiatoren erkundigen sich weltweit nach Möglichkeiten für eine effektive Drogentherapie. Dabei lernen sie die Betreuungsarbeit der brasilianischen »Facendas da Esperanca« (»Höfe der Hoffnung«) kennen, von denen es auch schon einige Zentren in Deutschland gibt.

»Wir staunen bei ihrem Konzept über die große Zahl der ehrenamtlichen Mitarbeiter«, sagt von Below. »Viele von ihnen hingen früher selbst an der Nadel!« Die Therapeuten leben dort mit den Abhängigen in einer christlichen Rund-um-die-Uhr-Gemeinschaft wie in einer großen Familie. Ihren Lebensunterhalt erwirtschaften sie allein, und sie halten auch ihre Häuser selbst instand. Die »Facendas« sind in dieser Beziehung ein wichtiges Vorbild.

»Nun haben wir in Schatrovo eine erste Auffangstation und hier in Snamenka die Einrichtung der Ersttherapie«, bilanziert von Below, und man spürt dem gestandenen Bundeswehr-Offizier den Willen zu Struktur und Ordnung ab. »Jetzt müsste auch noch eine Nachsorgetherapie eingerichtet werden. Und wir müssten die Möglichkeit haben,

Seminare für Drogen- und Alkoholprävention durchzuführen.« Dabei sind sich alle im Team einig: Ein landwirtschaftlicher Ausbildungsbetrieb könnte die »Kinder« (wie sie die jungen Leute liebevoll nennen) wieder an gute und sichtbar-messbare Arbeit heranführen. »Wir wollen ihnen doch durch Bildung den Wiedereintritt in die Gesellschaft ermöglichen – nach dem schwarzen Loch ihrer verlorenen Jahre! Sollen wir denn hinnehmen, dass ›unsere Kinder‹ nach der Therapie als Hilfsarbeiter entlassen werden?«

Die Schreie aus der Dunkelzone der Drogensucht sind meist stumm-resignierend, aber für Menschen wie Matthias Burchard und Traugott von Below sind sie unüberhörbar laut und dringend. Die beiden träumen von einer räumlichen Erweiterung des Snamenka-Hauses. Alles muss überschaubar, solide, praktisch und zugleich finanzierbar sein. Von Below bezeichnet sich selbst als »Visionär«, und das muss auch so sein, wenn er und seine Mitstreiter nicht in den täglichen Schwierigkeiten versinken wollen.

An Hindernissen fehlt es nicht. Nach den ersten erfolgreichen Jahren entwickelt sich in Snamenka eine Dienstauffassung, die den nominellen russischen Träger und das deutsche Unterstützungsteam deutlich entzweit. Die deutsche Vorstellung, das Therapiezentrum solle sich durch eigene Arbeit wirtschaftlich selbst tragen, wird von den russischen Verantwortlichen nicht geteilt. Sie wollen stattdessen nur solche Abhängigen aufnehmen, deren Eltern reich genug sind, die Therapiekosten zu bezahlen. Die Not ihrer Kinder werde die Eltern schon kräftig zahlen lassen. Und da das Therapiezentrum inzwischen seine volle Kapazität von 30 Abhängigen erreicht hat, hofft die russische Seite auf finanziell spürbaren Gewinn. Das widerspricht jedoch dem christlichen Geist, und es gefährdet die Gemeinnützigkeit des Vereins. Trotzdem ist von Below zuversichtlich: »Wir mussten den Vertrag lösen, aber ein neuer Träger steht inzwischen bereit!«

Es war das Ergebnis einer langen Suche. »Wir fanden schließlich ein christliches Drogentherapiezentrum in Kemerowo in Sibirien. Das hat uns überzeugt. Es wird von einer russischen Freikirche verantwortlich getragen!« Von Below und sein Team kommen erfreut aus Sibirien zurück, weil Snamenka in Zukunft in Verbindung mit Kemerowo und nach deren Modell geführt werden soll. So wird es verständlich, warum der eingangs genannte Alexander Asanov aus Kemerowo seinen ersten großen Arbeitsauftrag ausgerechnet in Kaliningrad erhalten hat.

Den deutschen Initiatoren schweben große Fernziele vor: Das Projekt soll eine deutsch-russische Gemeinschaftsleistung werden, wobei die Deutschen ihre Unterstützung einbringen, aber die Russen die Hauptverantwortung tragen müssen. Schließlich arbeitet man auf russischem Territorium, aber zugleich auch auf europäischem Boden. In Russland fehlen bislang die »Ferngläser«, um diese Zusammenhänge zu sehen.

Ortswechsel nach Hannover: Hier gibt es seit über 30 Jahren eine erfolgreiche Initiative, die sich »Neues Land« nennt. Sie wird von Freikirchen unterstützt. Die Arbeit mit Drogenabhängigen ist sehr gut strukturiert – von der Auffangstation »Bauwagen« in unmittelbarer Nähe des Hauptbahnhofs über Ersttherapie mit ärztlicher Betreuung bis zu verschiedensten Arbeitstherapien in der Stadt und auf dem Land. Einem Mitarbeiterstab von 30 Hauptamtlichen stehen immerhin 150 Ehrenamtliche zur Seite.

»Hier in der hannoverschen Arbeit haben sie auf Grund ihrer christlichen Einstellung eine erstaunlich niedrige Rückfallquote«, weiß von Below und hält sich über die Arbeitserfahrungen des »Neuen Landes« immer auf dem Laufenden. »Man glaubt es kaum«, fügt er hinzu, »aber in Hannover sind heute 40 Prozent der Abhängigen russischsprachig. Nicht zuletzt deshalb kommen auch Kaliningrader Praktikanten hierher zur Mitarbeit!«

Für Traugott von Below und Matthias Burchard ist es tiefste Überzeugung, dass niemand über die Erde geht, den Gott nicht liebt. Das gilt auch für die Drogenabhängigen mit ihren stummen Schreien aus der Dunkelzone.

Neugierig auf die Christen im Kommunismus

Meistens trägt er eine hohe Baseball-Mütze auf den schon leicht ergrauten Haaren. Ein weiteres Erkennungszeichen ist sein Klappfahrrad, das er mit gezielten Griffen fahrbereit macht. Es ist seine beste individuelle Fortbewegungsmöglichkeit vor Ort in Kaliningrad. Sie entspricht seinem Wesen, unabhängig zu sein und schnell vom Fleck zu kommen. Seine Sprache verrät ihn schon lange nicht mehr als Ausländer, denn seit 1971 arbeitet er auf Deutsch in Wort und Schrift.

»Bei meinem ersten Besuch im Gebiet Königsberg im August 1998«, sagt er selbst, »wohnte ich der Gründung der evangelischen Gemeinde in Gromowo/Lauknen (Elchniederung) bei. Da zeigte sich mir ein ganz anderes europäisches Luthertum – ohne staatsherrliches Kirchenregiment, ohne Gedächtniskirche und Berliner Dom. Gromowo ist ein Dorf tief im Walde am Ende der Welt, bevölkert vor allem von den Bewohnern einer psychiatrischen Anstalt. Dort versammelten sich Propst Peter Wittenburg und seine Mitarbeiter um den Küchentisch in einem Bauernhaus. 27 von 80

Familien des Dorfes hatten um eine Gemeindegründung gebeten. Nur die Kühe blieben draußen. Das gefiel mir.«

Das Entstehen christlicher Gemeinden auf dem Boden der ehemaligen Sowjetunion zu beobachten, gefällt ihm sogar so sehr, dass er immer wieder mit neuen Visa nach Russland einreist. Trotz mancher Barrieren.

Es ist der Journalist Dr. William Yoder, seine enge Beziehung zu Berlin verrät er schon selbst. Seine Heimat liegt zwar in Florida/USA, aber sein Herz schlägt schon längst in Europa, genauer gesagt im östlichen Europa.

»Mein erster Aufenthalt in Deutschland war 1971, kurz vor meinem 21. Geburtstag«, so erinnert er sich. »Er begann mit dem üblichen ›Pflichtbesuch‹ in den Alpen. Doch anschließend ging es schnurstracks nach Berlin und über die Mauer hinweg in die Hauptstadt der DDR. Ich war neugierig auf die Christen im Kommunismus. Ich wollte sehen, wie sie leben und was sie über die Kommunisten denken – und über uns Amerikaner.«

Durch diese deutsch-deutschen Begegnungen mit den vielen interessanten Themen schlägt William Yoder auf dem Ost-West-Terrain tiefe Wurzeln. Er ist ein Vollblut-Journalist und schreibt im Westen nieder, was er im Osten erlebt, aber dort nicht publizieren darf. In Erfurt und Weimar trifft er sich mit Freunden und Glaubensgenossen. Bei seinen Studienaufenthalten in Polen lernt er in den Jahren zwischen 1978 und 1980 Nordvietnamesen, Mongolen, Kubaner und Nordkoreaner kennen. »Der Beruf des Journalisten ist einfach herrlich«, sagt er und vergleicht es mit einem Liebesverhältnis.

Eines Abends im März 2000 in Berlin. Der Zug nach Polen mit den beiden Kurswagen nach Kaliningrad fährt erst gegen 22 Uhr los. In dieser Wartezeit treffen wir uns mit William

Yoder im Bahnhof Zoo. Er gibt sofort sein Engagement für den Aufbau christlicher Gemeinden im nördlichen Ostpreußen zu erkennen. Ob es für ihn nicht »etwas zu tun« gäbe in oder mit der Propstei Kaliningrad?

»Wissen Sie«, sagt er fast entschuldigend, »das Jahr 1989 war auch für mich eine richtige Zäsur. Der Fall der Mauer riss meine Themen einfach mit sich fort.« Im Gebiet Kaliningrad möchte er nun die Fortsetzung seines »verblichenen Dienstes in der DDR« sehen.

Wir sind zu dieser Zeit selbst noch nicht lange in der neuen Arbeit in Kaliningrad, können ihm auch kein festes Gehalt versprechen. Aber wir sind miteinander zuversichtlich, dass sich schon neue Wege öffnen werden, und versprechen Zusammenarbeit.

Vor unserer Abfahrt erzählt William Yoder aus seinem Leben und von seiner journalistischen Arbeit. Wir ahnen, dass er viele wertvolle Erfahrungen aus dem ehemaligen Ostblock nach Kaliningrad mitbringen wird. Mit der polnischen und der russischen Sprache ist er schon vertraut.

»Ich hatte schon immer eine angeborene Neugierde auf Andersdenkende«, sagt er, »und die führte mich nach und nach in der Berliner Kirchengeschichte zu Otto Dibelius. Für mich als Christ mennonitischer und pazifistischer Herkunft war die Gedankenwelt eines staatsherrlichen, monarchistischen und deutschnationalen Kirchenführers doch fast völlig fremd – deshalb auch umso interessanter.« Aus der Beschäftigung mit Dibelius entsteht 1991 Williams Yoders Dissertation und Promotion zum Dr. phil. Bescheiden fügt er hinzu: »Aber ich kann nicht behaupten, ihn ganz verstanden zu haben.« Wir staunen nicht wenig, dass er als Kirchenreporter fünfmal im Jugoslawienkrieg vor Ort war, zeitweise unter lebensbedrohlichen Umständen. Sogar in Kuba unter Fidel Castro hat er sich gründlich umgesehen.

»Und wie geht es Ihrer Familie, wenn Sie so viel in Krisengebieten unterwegs sind?« Klar, dass sich diese Frage aufdrängt. »Ach, ich habe bitter für diesen Lebensweg bezahlt. Die Neugierde verlangte ihren Tribut: Meine Frau verließ mich in Berlin und kehrte in die USA zurück, wo auch unsere beiden erwachsenen Kinder leben. Doch ist dieser Weg trotz aller Härten für mich der richtige Weg. Es ist ein Vorrecht, dass ich ihn gehen darf. Welch ein Segen, dass mir viele dabei Mut zusprechen!« Von sich aus hätte sich William Yoder wohl kaum dazu geäußert, aber so hat es doch beiden Seiten zum offeneren Umgang miteinander geholfen.

An jedem Wochentag trifft sich die Mitarbeiterrunde morgens in der Kaliningrader Auferstehungskirche zur Andacht. Nicht immer kann William Yoder daran teilnehmen, weil er hin und wieder Englischkurse an der Universität erteilt. Wenn er aber kommt, hat er oft seine Geige dabei und spielt den Anwesenden die Melodien des alten deutschen Gesangbuchs ins Ohr. Er hilft gelegentlich in der Büroarbeit der Propstei mit und weiß, dass ihm das Schreiben im Blut liegt. Aber auch wenn eine Touristengruppe zum Besuch in die Kirche kommt, gibt er schon mal die gewünschten Informationen weiter. Zu vielen Gottesdiensten auf dem Lande fährt er mit, kann sich mit den Menschen spontan auf Russisch unterhalten, ihre Probleme und häuslichen Verhältnisse kennen lernen.

Wer auch immer William Yoder begegnet, zieht mit der unausgesprochenen Frage weiter: Wie kommt es eigentlich, dass sich ein amerikanischer Christ nicht nur als Tourist, sondern auf Dauer in Russland aufhält? Bei vielen Gemeindebesuchern gerät das Klischee vom imperialistischen, reichen, weit entfernten und selbstgenügsamen Amerika an der Person Yoders ins Wanken. Und das ist auch gut so.

Er selbst lebt unauffällig und ohne Reichtum. Unter den

Armen und Benachteiligten dieser Gesellschaft kennt er sich besser aus als in den so genannten »gehobenen Kreisen«. »Menschen, die auch unter gravierenden Missständen durchhalten. Menschen, die sich gegen große Widerstände wehren, ohne gleich zu den Fleischtöpfen Babylons zu fliehen. Das sind meine wahren Helden, von ihnen will ich lernen, sie will ich anderen bekanntmachen. So gut ich es als verwöhnter Wessi kann, möchte ich ihnen unter die Arme greifen, ihnen beistehen, ihnen im Namen Christi Mut zusprechen.«

William Yoder sucht als »Schreiberling« die Winkel und Ecken auszuleuchten, wo noch »fast in jedem Blumentopf ungepflückte Themen wachsen«. Aus dem breiten Spektrum der Religionsgemeinschaften Amerikas herkommend, fällt ihm auch in Kaliningrad der Brückenschlag zwischen Lutheranern, Baptisten, Mennoniten, Methodisten und charismatischen Kirchen nicht sonderlich schwer. Auch unter den Katholiken und Russisch-Orthodoxen hat er längst persönliche Freunde gefunden. Verbindungen schaffen unter den Konfessionen – im Sinne von gelebter Ökumene – das ist ihm ein wichtiges Anliegen.

William Yoder ist und bleibt ein Wanderer zwischen den Welten. Das Kaliningrader Gebiet ist ihm im Laufe von acht Jahren zwar ans Herz gewachsen, aber gleichzeitig für seine Arbeit zu eng geworden. Längst hat er seine Fühler in die Weiten Russlands ausgestreckt. In Moskau wird er als Medienreferent für die Russische Evangelische Allianz und für die Evangelisch-lutherische Kirche Europäisches Russland tätig sein, wenn auch unter noch ungesicherten finanziellen Verhältnissen. Er weiß, wie wichtig und notwendig die Informationsarbeit ist: »99 Prozent der Russen haben von uns Evangelischen wenig oder keine Ahnung!«

William Yoder kann weiter neugierig sein auf die Entwicklung des Christentums in der postsowjetischen Ära.

Viele Ecken und Winkel können noch ausgeleuchtet werden, wenn er dazu die ideelle und finanzielle Unterstützung findet.

Die Kirche im Dorf lassen

Mit Kraft stößt er den Spaten in die dunkle Masse. Wenn es ihm trotzdem nicht gelingt, tief genug einzustechen, holt er sich die Spitzhacke zu Hilfe. So arbeitet er sich Quadratmeter um Quadratmeter voran. Die abgestochene Masse gräbt er nicht einfach um, sondern hievt sie schaufelweise in eine Kiste, die später abtransportiert wird.

Gelegentlich muss er gut aufpassen, dass er nicht fällt, erst recht dort, wo sich unter ihm eine gähnende Tiefe auftut. Die Fläche, auf der er sich abmüht, ist nämlich kein Ackerboden, sondern das oberste Geschoss eines Kirchturms. Die Bretter über den Balken, auf denen die dunkle Masse lagert, könnten an mehreren Stellen durchbrechen.

Was der Mann da in mühevoller Arbeit zerhacken und fortschaffen will, ist eine etwa 50 Zentimeter dicke Schicht von Tauben-, Krähen- und Storchenkot. Jahrzehntelang hat sie sich hier angelagert und ist fast steinhart zusammengebacken. Große Sommerhitze und eisige Winterkälte haben mit dazu beigetragen, diesen »Fußboden-Belag« entstehen zu lassen. Dass die Vögel sich überhaupt im offenen obersten Geschoss des Kirchturms so ungestört tummeln konnten, liegt an den Folgen des Zweiten Weltkriegs: ein durchlöcherter Turm mit marodem Dach und niemand, der etwas gegen den fortschreitenden Verfall der Ruine unternahm. Bis zur Wende.

Die Kirche, auf deren Turm so hart gearbeitet wird, steht

in Druschba, das vor dem Krieg ein mittelgroßes Städtchen namens Allenburg war. Hier münden nicht nur einige kleine Flüsschen in die Alle, sondern hier endet auch der Masurische Kanal. Er sollte die großen masurischen Seen über 50 Kilometer mit dem Fluss Alle verbinden und einen bedeutenden Binnenschifffahrtsweg schaffen: bis zum Pregel mit Königsberg und schließlich zur Ostsee. Wegen dieser strategischen Bedeutung wurde das Städtchen Allenburg in den vergangenen Jahrhunderten immer wieder von Kriegen heimgesucht.

Das alles kümmert die Störche nicht. Wegen der großen Wasserflächen und der idealen Nahrungsgrundlage zieht es sie schon immer in großen Scharen an diesen Ort. Ihr Ankommen und Wegfliegen unterliegt allein den Jahreszeiten, nicht den Visa- und Registrierungsbestimmungen.

Der 38 Meter hohe Kirchturm ist ihr bester und sicherster Standort. Sie bauen ihre zahllosen Nester auf allen Mauervorsprüngen und Treppentürmchen der Giebel. »Da ist die Storchenkirche«, sagen die Leute, und die meisten wissen, dass nur Druschba/Allenburg gemeint sein kann.

Ansonsten ist jeder Tourist enttäuscht. Er weiß, dass der Deutsche Ritterorden hier im 13. Jahrhundert die Stadt gründete, und sucht vergeblich nach mittelalterlichen Gässchen und Gebäuden. Einzig die große Kirche steht völlig frei, umgeben von Geröll, Brennnesseln, großen Holunderbüschen, verwilderten und unebenen Grasflächen. Man muss schon aufpassen, wo man hintritt.

»Kommt mal hierher, da kann man ein Stück Kopfsteinpflaster sehen!« Einer der Touristen zeigt seine Entdeckung zwischen dem blühenden Unkraut.

Eine kleine, blonde Frau hat den Reisebus vorfahren sehen. Sie kommt eiligen Schrittes herbei, stellt sich als Deutsche vor, die aus Allenburg stammt. Sie weiß mit der

Hilflosigkeit und Verwunderung von Touristen umzugehen, die hier nur wegen der Störche mal kurz zum Fotostopp aussteigen dürfen.

Unter den Erklärungen dieser Frau ersteht das Bild des Städtchen Allenburg neu, besonders, wie es mit seinen etwa 2000 Einwohnern um 1939 war. »Schon der Erste Weltkrieg hatte schlimme Zerstörungen hinterlassen, aber die Stadt wuchs bis 1925 wieder aus den Ruinen hervor, schöner als zuvor.« Die Frau sagt es überzeugend, denn sie war hier als Kind zu Hause bis zur endgültigen Flucht Ende 1947. »Das Zentrum hier war wie im Gitternetz rechtwinklig angelegt, dicht bebaut. Dann ist alles endgültig in Bomben und Rauch aufgegangen, und später haben sowjetische Planierraupen alles eingeebnet.«

Eine riesige, gähnend leere Fläche ist vom Herzen Allenburgs übrig geblieben. Die Durchfahrtsstraße folgt den Außenkanten des Platzes, an denen vier oder fünf zweistöckige Häuser russischer Bauweise entstanden sind. Die Touristen stehen mit ihren Kameras suchend herum. Die häuserlose Stadtmitte ist auch ein Motiv. Dem strengen Terminplan zufolge hätte die Gruppe längst ihren Reisebus zur Weiterfahrt besteigen sollen. Aber Druschba/Allenburg lässt sie noch nicht los.

»Das russische Wort Druschba bedeutet Freundschaft! Können Sie sich das vorstellen an so einem Ort?«, fragt unsere spontane »Stadtführerin«. Sie heißt Ute Bäsmann und lebt mit ihrer Familie schon seit 1951 im nördlichen Niedersachsen. Bäsmanns sind selbstständige Geschäftsleute, inzwischen im (Un-)Ruhestand. Ihr Familienbetrieb läuft weiter, das gibt ihnen Freiheit. Seit 1991 die Abriegelung des Kaliningrader Gebietes fiel, ist das Ehepaar schon über 45mal nach Nordostpreußen gefahren. Ganz besonders wegen »Druschba«.

Die beiden Bäsmanns lernen die Gastfreundschaft der heutigen Ortsbevölkerung in vielfältiger Weise kennen, wenn sie in die Familien eingeladen werden. Sie sprechen zwar selbst kein Russisch, finden aber immer Leute, die für sie dolmetschen. So erfahren sie auch Genaueres von den heutigen russischen Einwohnern, die 1946 in dem Chaos zwischen den Ruinen ankamen.

Von dem gebürtigen Weißrussen Lukjantschik bekommt Frau Bäsmann sogar ein paar schriftliche Erinnerungen in die Hand: »Mein Zuhause war ausgebrannt«, schreibt er, »und man hat uns vorgeschlagen, hierher in das Königsberger Gebiet zu gehen. Von den ersten Siedlern hier bin ich als Letzter übrig geblieben. Die anderen sind entweder weggefahren oder schon gestorben ... Im Jahre 1947 war es sehr schwer. Es mangelte an Technik und Saatgut. Das Wetter war auch sehr schlecht, wir konnten keine Ernte einbringen. Und so bekamen wir eine große Hungersnot. Die Menschen fielen vor Hunger auf der Straße um und starben, oder sie hatten dicke Füße und dicke Hände vom Wasser. Wir suchten in den Kellern der Deutschen, aber was konnten wir da noch finden? Ich war Brigadier und hatte auch nichts. Wir fanden ein bisschen Roggen, und meine Frau hat mit Hilfe einer deutschen Kaffeemühle das Korn zu Mehl gemahlen. Das wurde dann mit Wasser gekocht, machte aber nicht satt. Es war eine schreckliche Zeit ... Ich habe fleißig in dieser Kolchose gearbeitet. Wir haben vieles aufgebaut, Kuhställe und Häuser, aber jetzt werde ich nicht mehr gebraucht. Jetzt muss ich von meiner kleinen Rente leben; ich habe ein kleines Grundstück und die Wohnung bekommen. Davon muss ich leben.«

Die Bevölkerung der ländlichen Regionen ringt bis heute in Armut um das tägliche Durchkommen.

Das große Kirchengebäude hat überlebt. Wie durch ein Wunder hat es keinen vernichtenden Treffer bekommen. Es steht einfach noch immer da, zweckentfremdet und leer, aber dennoch ein Mahnmal, eine Herausforderung. Es bleibt ein Kirchengebäude, auch wenn das russische Militär sich gleich nach 1946 eine KFZ-Werkstatt darin eingerichtet hat.

In die Ostwand, wo früher der Altarraum war, hat man ein zweiflügeliges Werkstor hineingebaut. »Sehen Sie mal hier«, sagt Frau Bäsmann beim Hineingehen, »das Tor ist so breit angelegt, dass die Treckergespanne direkt hineinfahren konnten. Sie haben nämlich später das Kirchenschiff zum Getreidespeicher der örtlichen Kolchose gemacht.«

Im Erdgeschoss des massiven Turmes stehen auf der einen Seite noch ein großes Gebläse und ein massiver hölzerner Trichter zum Einfüllen des Getreides. Verschiedene Rohre und Stangen hängen kreuz und quer und oft so niedrig, dass man sich gelegentlich bücken muss. Ein Mühlenbetrieb in der Eingangshalle zur Kirche. Es sieht so aus, als ruhe die Arbeit hier schon länger. Von außen sind verschiedene Lagerschuppen an den Fuß des erhabenen Turmes angebaut – es wirkt wie eine Pilzkolonie an der Wurzel eines alten Baumes.

Die Reisegruppe, die wir hierher geführt haben, verabschiedet sich und besteigt ihren Luxusbus mit gemischten Gefühlen. Diese Leute werden Druschba/Allenburg nicht mehr abstreifen können, so wie man ein verschlissenes Kleidungsstück wegwirft. Wir bleiben noch mit Ehepaar Bäsmann zurück.

Draußen wird es kalt und ungemütlich. »Kommen Sie doch mit zu uns ins Schleusenwärterhaus! Wir trinken einen schönen heißen Tee!« Frau Bäsmann steigt rasch in ihren alten weißen Transporter und fährt uns voraus. Es sind nur einige hundert Meter. In das ehemalige Schleusensperrwerk kann man im Vorbeifahren hineinsehen. Auf dem Brackwasser schwimmen grüne Algen, in den Ritzen der Schleusenwand wächst schon ansehnliches Strauchwerk, das ehemalige eiserne Schleusentor ragt abgerissen und verrostet aus dem Wasser. Ein toter Kanal.

Wir halten vor einem schmucken Haus aus deutscher Zeit; Herr Bäsmann kommt uns schon durch die Haustür entgegen. Das dunkle Walmdach ist tief heruntergezogen, grüne Fensterläden, saubere Scheiben. Schon von außen strahlt das Haus Gemütlichkeit aus.

»Ja«, sagt Frau Bäsmann, » als wir damals 1992 bei unserem ersten Besuch hier am Masurischen Kanal zur Schleuse gingen, entdeckten wir das Schleusenwärterhaus. Es gefiel mir auf Anhieb. Doch wenn mir damals jemand erzählt hätte, dass ich zehn Jahre später in diesem Haus eine Wohnung besitzen werde, dann hätte ich den sicher für nicht ganz normal gehalten.«

Beim Eintreten vergisst man gleich alle negativen Eindrücke aus dem Zentrum der Stadt. Es ist eine gute Stube wie im tiefsten Niedersachsen, mit Teppichen, Sofa und Sesseln, mit massivem Esstisch samt den passenden Stühlen, an der Wand der altdeutsche Schrank mit seinen geschwungenen Glastüren. Auch die Küche ist liebevoll möbliert, hat hübsche blaukarierte Gardinen und notwendige Utensilien, die griffbereit hängen. Im Dachgeschoss gibt es ein gemütliches Gästezimmer. »Nur mit der Toilette sind wir noch nicht so weit«, sagt Frau Bäsmann entschuldigend, »aber da haben wir draußen ein Herzhäuschen ...«

Bäsmanns leben hier manchmal wochenlang, es ist ihr zweites Zuhause geworden. Dass ihre Heimatkirche noch steht, ist besonders für Frau Bäsmann eine ständige Herausforderung. Sie mag dem fortschreitenden Verfall nicht tatenlos zusehen und wendet sich deshalb an die in Kaliningrad etablierte evangelisch-lutherische Propstei.

»Nein, liebe Frau Bäsmann«, heißt da die Antwort, »die Kirche ist doch viel zu groß, stark heruntergekommen und auch zweckentfremdet. Wie wollen Sie das ganze Geld für Renovierungsarbeiten aufbringen? Und denken Sie mal an die vielen bürokratischen Auflagen, wenn es um die juristische Rückgabe einer Kirche geht! Sie wissen doch, dass gar keine Gemeinde dort am Ort besteht?«

Dieser letzte Satz bringt für Frau Bäsmann das Schlüsselwort. »Ich könnte mich darum kümmern, dass eine Gemeinde entsteht!«, kontert sie selbstbewusst und fährt zwar etwas traurig, aber nicht mutlos zurück nach Druschba. Aus ihren zahlreichen Aufenthalten kennt sie die überwiegend russische Bevölkerung schon recht gut. Sie spricht die Leute auf die Möglichkeit an, sich als Christen zu versammeln, aus der Bibel auf Gottes Wort zu hören und zu beten. Von Seiten der russisch-orthodoxen Kirche ist dabei kaum Gegenwind zu erwarten, denn diese Glaubensrichtung hat keine eigene Gemeinde am Ort. »Wenn man die verantwortlichen Leute im Dorf kennt, wie etwa den Bürgermeister, einige Lehrer, diverse Verwaltungsleute, dann ist alles leichter«, sagt Frau Bäsmann im Rückblick.

Es kommt ihr zugute, dass schon 1972 eine Patenschaft zwischen der Weserstadt Hoya und den Allenburgern, die nun im Westen leben, entstanden ist. Sie wollen sich gemeinsam um das Weiterleben ihres ostpreußischen Heimatstädtchens kümmern, besonders aber um seine Kirche. Als sie 1997 ihre 25-jährige Patenschaft feiern, treffen zwei deutsche Reisebusse in Druschba/Allenburg ein. Auch die russische Bevölkerung beteiligt sich am Jubiläum. Sie feiern gemeinsam den ersten Gottesdienst nach dem Krieg, stehen dabei hinter der Kirche im Freien zwischen hohem Gras und Unkraut. Ein ergreifendes Erlebnis, dass die christliche Botschaft in diesem Land wieder verkündigt werden kann, obwohl die Sowjets doch das Christentum auslöschen wollten.

Nach diesen Eindrücken lässt Frau Bäsmann der Wunsch

nicht mehr los, dass aus dem einmaligen spektakulären Ereignis ein regelmäßiger Gottesdienst werden möchte.

»Die ersten Leute trafen sich im April 2001 in einem Raum der Bibliothek«, sagt sie, »weil es da sowieso warm war. Zehn Erwachsene müssen es sein, wenn sie den Antrag auf Gründung einer Gemeinde stellen wollen. Die haben wir hier zusammengekriegt, fast alle sind Russen. Der Pastor in Kaliningrad war ganz schön überrascht, als er von dem Interesse hörte.«

Die evangelisch-lutherische Gemeinde in Druschba/Allenburg wird am 25. Juni 2002 offiziell gegründet und seitdem von Kaliningrad aus betreut. Der für diese Region zuständige Pastor hält die Gottesdienste in vierzehntäglichem Rhythmus. Er kommt an einem festgelegten Wochentag gegen Abend, wenn die Tagesarbeit getan und das Vieh gemolken ist. Dann sind die Leute innerlich »aufgeräumt« und können sich der Predigt besser zuwenden. Allerdings sind es eher die Frauen, die sich aufmachen. Aber sie bringen oft die stattliche Zahl von 25 Kindern mit, die zu einem eigenen Kindergottesdienst eingeladen sind.

Als eines Tages die Bibliothek zu klein wird, stellt die jetzige Farmer-Genossenschaft (frühere »Kolchose«) ihren Versammlungsraum bis auf weiteres zur Verfügung.

Frau Bäsmann ist sehr froh, dass die Kirche wieder »arbeitet«, wie man in Russland sagt. Das ist schon etwas Besonderes, eine Art kulturelles Ereignis in diesem Dorf. Sie möchte aber, dass »Kirche« wieder direkt in die Kirche hineingetragen wird. Das ist das Normale und erinnert an den Satz, der zum Sprichwort wurde: Man solle doch »die Kirche im Dorfe lassen«.

Bäsmanns ahnen, dass daraus ein langer und mühsamer Weg wird. »Da muss geprüft werden, wie die Bausubstanz aussieht, ob sie nach über 50 Jahren Verfall noch »betriebssicher« ist. Wir hatten deshalb einen Architekten aus Deutschland hier.« Während Frau Bäsmann das sagt, holt sie eine Menge Einzelheiten aus der Baugeschichte hervor. Sie kennt sich inzwischen fachlich aus, sei es in der Verzahnung der Balken, der Konservierung von Außenmauern, bei Stützstreben oder Treppengiebelrestaurierung. »Der Aufstieg in den Turm war eine halsbrecherische Tour auf schlechten Leitern, wo man sich kaum festhalten konnte. Das hätten Sie mal sehen müssen!« Weil die Helfer und Spender aus Deutschland das nicht »live« sehen können, haben die Bäsmanns die akrobatischen Leistungen und die Aufräumarbeit im Turm in einem Videofilm festgehalten.

Als das Jahr 2005 näher rückt, nimmt in Druschba die allgemeine Aufregung zu. Frau Bäsmann schafft es, viele Einwohner in das Ereignis mit einzubeziehen: Anfang Juli soll das 600-jährige Bestehen der Kirche gefeiert werden. Der marode Mühlenbetrieb unten im Turm wird gerade noch rechtzeitig hinter Bretterverschlägen kaschiert, bevor Frau Bäsmann den erstaunten Jubiläumsgästen vorführen kann, was da in kürzester Zeit geschafft wurde: Sie hat eine deutsch-russische Bautischlerei mit dem Ausbau des Turmes beauftragt. Es riecht noch nach frischem Anstrich und Imprägnierungsmitteln. Bequeme Treppen mit soliden Geländern führen nach oben zu drei quadratischen, geräumigen Etagen. Sauber verlegte Holzdielen nehmen jede Höhenangst, hier und da stehen Stühle und Bänke zum Ausruhen. »Auf dieser Etage soll ein Gemeinderaum entstehen, da können bestimmt 40 Leute sitzen! Oben werden wir ein kleines Museum zur Ortsgeschichte einrichten!« Frau Bäsmann strahlt angesichts dieser Pläne. Gleichzeitig spürt man ihr die Erschöpfung an. »Die Finanzierung hinzukriegen und die Leute mit zur Arbeit anzutreiben, damit wir es bis zum Jubiläum schafften – das ging schon sehr an die Substanz!«

Auf den obersten Etagen ist es durch renovierte Fenster in den Turmmauern recht hell geworden, so lassen sich auch die Bilder an den Wänden besser betrachten, die sowohl die Menschen aus Allenburg als auch die aus Druschba schon zusammengetragen haben.

Es ist ein eigenartiges Gefühl in der Höhe dieser obersten Kirchturmetage: Man steht hier buchstäblich über der Zerstörung des Städtchens, über manchen Hässlichkeiten unten am Boden. Durch die Ausstellungsgegenstände bekommt man einen Einblick in die Geschichte und nach draußen hin den Überblick über die Weite der ostpreußischen Landschaft. Kein anderer Turm weit und breit bietet sich so vorzüglich als Aussichtspunkt an wie diese »Storchenkirche«.

Naturschützer mögen befürchten, dass die Störche angesichts der Baumaßnahmen woandershin umziehen könnten. Aber da sie keine ähnlich gute Alternative haben, werden sie dem Turm bestimmt treu bleiben. Das Turminnere allerdings hat man allen Vögeln versperrt, nachdem das Dach abgedichtet wurde. Nun gehört die Kirche wieder den Menschen, zumindest die Turmetagen.

Die Bäsmanns haben außer dem Turm noch eine weitere Überraschung zum Jubiläum der Kirche parat: Das frühere Kirchenschiff ist im Mittelteil notdürftig entrümpelt, auf dem unebenen, festgestampften Erdboden liegt eine dicke Schicht Heu verteilt. Es riecht angenehm nach Wiesenblumen, Ernte, Sommerabend. Alle Stühle, die im Umkreis aufzutreiben waren, sind in Reihen aufgestellt, bis in die Tiefe des Kirchenraumes hinein. Wo früher der Altar in einer geschlossenen Apsis stand, steht er auch jetzt, wenn es auch nur ein einfacher Klapptisch ist, mit einer weißen Tischdecke bedeckt und schön geschmückt. Hinter dem Altar ist das weit geöffnete Brettertor, durch das die Getreidewagen hineinfuhren, die einzige gute Lichtquelle im Raum. Die Ortsbewohner haben noch mit einem Kabel und einer Reihe kleiner Glühbirnen nachgeholfen. Einige Kerzen leuchten in den seitlichen Mauernischen.

An diesem denkwürdigen Gottesdienst nimmt das Dorf regen Anteil. Nach einem halben Jahrhundert kommen Menschen wieder direkt im Kirchenraum zusammen. Was machen da schon konfessionelle Unterschiede aus oder so genannte Atheisten? Die Kirche ist ein fester Bestandteil ihres Ortes.

Vor der Abreise werden die auswärtigen Gäste zu einem langen Buffet-Tisch eingeladen, der in einem Raum der örtlichen Schule liebevoll hergerichtet ist. Unsere Gruppe singt spontan und auswendig den vierstimmigen Choral »Wohl denen, die da wandeln, vor Gott in Heiligkeit ...« Die Küchenfrauen sind von diesen Klängen so berührt, dass sie rasch zu ihren Schürzenzipfeln greifen und sich die Tränen abwischen. Diese Situation des Dankes werden alle Beteiligten kaum vergessen können.

Das Ehepaar Bäsmann ist zwar auch überwältigt und zugleich müde von diesem Tag, »aber wir müssen auch daran denken«, sagt Frau Bäsmann, »wie wir öfter Besucher hierher locken können. Drüben habe ich eine junge Familie gefunden, die wollen neben dem leeren Platz ein kleines Café einrichten, damit Touristen sich hier mal stärken können.« Es gibt auch eine Studentin der Germanistik in Druschba, die sich genauer mit der Ortsgeschichte befassen soll, damit sie den Gästen etwas erzählen kann.

»Wir selbst sind ja nicht immer hier«, sagt Frau Bäsmann, und wir spüren, wie sie die westliche und die östliche Heimat gegeneinander abwägt. Dann ziehen sich beide wieder in ihr Schleusenwärterhaus zurück, von wo aus sie die Kirche im Auge behalten können.

Erster Gottesdienst in der renovierten Allenburger Kirche

Gesichter der Freundschaft

Im Sommer 1995 gibt es die unzähligen Handy-Telefone noch nicht; das einzige Telefon in der kleinen Büro-Wohnung der evangelisch-lutherischen Gemeinde Kaliningrad hört sich oft labil an oder ist gerade besetzt.

Ein großer Hilfstransport aus Süddeutschland ist soeben eingetroffen, aber von einem herzlichen Empfang kann keine Rede sein.

»Es passt jetzt überhaupt nicht, dass Sie kommen. Sie sind doch auch gar nicht angemeldet!« Das hält einer der verantwortlichen Mitarbeiter den vier Ankömmlingen entgegen. Er hätte seinen eigenen Stress besser verbergen sollen. Mit seiner

Bemerkung bringt er das Fass zum Überlaufen, in dem sich schon viel Frust und Ärger angesammelt haben.

»Wie sollten wir uns denn anmelden, wenn man uns stundenlang und nicht berechenbar in der Grenze festhält?«

Zum klärenden Gespräch kommt es nicht mehr, der Mitarbeiter hat es eilig und verschwindet zu anderen Aufgaben. Die Transporteure stehen da, voller Wut, verkneifen sich weitere Erklärungen über die Probleme des Telefonierens und die Strapazen, die sie mitgemacht haben. Eine der Frauen dreht sich zur Wand und weint leise. Die andere steht stumm und verlegen im Abseits. Sie ist die Dolmetscherin, demnach eine Einheimische aus Kaliningrad. In dieser Atmosphäre kann man kein vernünftiges Gespräch führen. Die Transporteure sind erschöpft und brauchen den inneren und äußeren Abstand von ihrem Lkw.

Etwas später an diesem Nachmittag treffen wir uns alle in unserer kleinen Wohnung. Nach dem frustrierenden Empfang und der anfänglichen Erschöpfung wird doch noch eine herzliche russisch-deutsche Freundschaftsrunde daraus. Tamara, die russische Dolmetscherin, ist mit dem Team der drei Deutschen offensichtlich schon länger bekannt. Im Kaliningrader Gebiet kennt sie sich gut aus, auch wenn sie selbst kein Auto hat.

Wir erfahren, dass Tamara schon seit 1946 hier zu Hause ist. Vorher allerdings, während des Krieges, lebte die Familie in der Nähe von Krasnojarsk in Ostsibirien. Als Kind hatte Tamara dort eine gleichaltrige Spielgefährtin, deren Vater als Stellvertreter des dortigen Sowchosleiters arbeitete und von allen anerkannt war, obwohl er Deutscher war.

»Die ›Deutschen‹ und die ›Faschisten‹, das waren für uns zwei ganz und gar verschiedene Begriffe«, erklärt Tamara rückblickend. »Die ›Faschisten‹ stellten wir uns als Monster vor, die aus uns Kindern Seife machen wollten! Die ›Deutschen‹ aber akzeptierten wir als ganz normale gewöhnliche Leute. Unsere Mutter ist Lehrerin von Beruf, und deshalb hatten wir von unserer frühen Kindheit an in der Wohnung Landkarten der ganzen Welt hängen, die wir Mädchen studieren konnten. Unsere Mutter war klug und wollte in den kindlichen Seelen keinen Hass gegen ein anderes Volk kultivieren.«

Im Alter von 10 Jahren kommt Tamara im August 1946 mit ihren Eltern und drei jüngeren Schwestern nach Tilsit, das später in Sowjetsk umbenannt wird. Das ihnen zugewiesene Haus am Stadtrand, von einem Litauer aufgegeben, finden sie in desolatem Zustand vor. »Es fehlten alle Türen und Fenster, auch die Öfen waren zerstört. Zum Glück war noch Sommer!« Tamara erinnert sich, wie sie alle kräftig anpacken mussten, um das Haus wieder bewohnbar zu machen. Sonst hätten sie es als Eigentum nicht bekommen. »Man entlohnte uns mit insgesamt 273 Rubel für diese Arbeit, aber auf dem Schwarzmarkt kostete ein Brot damals auch schon 100 Rubel! Leider war es in diesem Spätsommer bereits zu spät für Saat und Ernte. Diesen schrecklichen Winter 1946/47 mit Hungern und Frieren habe ich mein ganzes Leben lang nicht vergessen!«

Tamaras Schilderungen ihrer Kindheit zeigen, wie auch die russische Zivilbevölkerung im kriegszerstörten Ostpreußen einen sehr schweren Anfang hatte. Die vier Mädchen im Alter von 5 bis 11 Jahren lernen das Feld zu bearbeiten, Kartoffeln zu pflanzen, scheuen keine Arbeit. Trotz aller Schwierigkeiten verbringen sie eine nicht gerade sonnige, aber doch behütete Kindheit. Von den grauenhaften Geschehnissen unter der deutschen Zivilbevölkerung in den so genannten Schicksalsjahren 1945–1949, von den betrunkenen Horden unmenschlicher russischer Soldaten, Bombentrichtern voller

Leichen, den vernichtenden Propagandamärschen ... von all diesen Schrecken erfahren Tamara und ihre Schwestern wenig oder gar nichts, auch wenn sie durch zerstörte Straßen und an Trümmerbergen vorbei weit zur Schule laufen müssen. Sie sehen eher, wie die UdSSR große Werbekampagnen durchführt, um Menschen aus den Weiten Russlands in Ostpreußens verbrannte Dörfer und zerstörte Städte zu holen.

»Wir wollten auch mit diesen neuen Leuten zusammenleben, egal ob mit Russen, Weißrussen, Ukrainern, Moldaviern, Litauern oder anderen«, sagt Tamara, »es hatte keinen Sinn, unsere eigene Nationalität herauszustellen. Alle waren doch gleichwertig.«

Als 1948/49 die letzten Deutschen ausgewiesen werden, erleben die russischen Kinder mit großer Betroffenheit, wie Menschen unter Zwang ihr Zuhause verlassen müssen.

»Wir hörten in einer Ruine eine deutsche Frau schluchzen. Das war so bitter, dass meine Schwester und ich auch weinen mussten. Wir merkten, dass sie sich von ihrem vergangenen Leben lösen musste. Das alles kann man verlieren, aber nicht vergessen. Warum kommt der Krieg in diese Welt?«

In Sowjetsk/Tilsit besucht Tamara ab 1950 eine pädagogische Lehranstalt, die bis zur Hochschulreife führt. Es ist ein einigermaßen gut erhaltenes Schulgebäude aus deutscher Zeit, in dem die neue sowjetische Verwaltung für die russischen Kinder den Betrieb aufnimmt. Später studiert Tamara in Kaliningrad an der Universität und lernt nebenher in den 60er-Jahren intensiv Deutsch. Wobei sie kaum ahnen kann, wie nützlich ihr diese Sprachkenntnisse noch sein werden.

Während ihrer vielen Fahrten zwischen den beiden Städten Sowjetsk und Kaliningrad hat Tamara den erschreckenden Wandel der russischen Landwirtschaft seit den 50er-Jahren beobachtet. Anfangs seien da noch die gelben Weizenfelder entlang der Landstraße gewesen, große weidende

Viehherden und neue Kolchosgebäude. »Jetzt aber, nach vielen Jahren«, sagt sie heute, »sehe ich sehr viel Unkraut, wenig Vieh, zerstörte landwirtschaftliche Komplexe. Und das Schlimmste ist, dass die Leute selbst zerstört sind, besonders wenn sie ihr ganzes Leben in der Kolchose arbeiten mussten. Wenn man zu wenig Lohn bekommt, verliert die Arbeit ihren Sinn. Von Jahr zu Jahr, von Generation zu Generation, waren immer weniger Leute bereit, bei geringer oder mangelnder Bezahlung fleißig für den Staat zu arbeiten. Für sich selbst durften sie aber erst dann in ihrem eigenen Gemüsegarten arbeiten, wenn die Arbeit in der Kolchose getan war. Ob das Volk in diesem Sinne gesund sein wird und wie lange dieser Prozess dauern wird, ist jetzt eine große Frage.«

Tamara heiratet in Kaliningrad, ihr Mann kommt – noch relativ jung – durch einen Betriebsunfall ums Leben. Aus ihrer Ehe geht eine Tochter hervor, die als Auszeichnung für ihre guten schulischen Leistungen schon 1990 ein einjähriges Stipendium an der Pariser Sorbonne erhält. Dass die Tochter sich dann für ein Leben in Frankreich entscheidet, ist für Tamara eine bittere Erfahrung.

»Es war die Zeit, in der die Inflation in Russland meinen Lohn ganz gefressen hat«, erzählt Tamara. »Ich konnte meiner Tochter überhaupt nicht helfen. Sie hat in einer Pariser Firma für einige Stunden Arbeit bekommen, wurde aber als Studentin und Ausländerin schlecht bezahlt. Drei Jahre lang haben wir uns damals nicht gesehen. Ich machte mir große Sorgen und betete zu Gott für mein Kind.«

Tamara erfährt eine ganz konkrete Erhörung ihres Gebets.

Die Verantwortliche des großen Hilfstransports aus Süddeutschland, der eingangs erwähnt wurde, stammt selbst aus Ostpreußen. Schon gleich nach der Wende nahm sie den Kontakt in die alte Heimat auf. Klar, dass sie für ihre Gespräche in der bekannten und doch so fremden Welt einen Dolmetscher brauchte. Sie stößt auf Tamara, erfährt auch später von den Ängsten um die Tochter in der französischen Fremde – und hilft spontan. Sie beschafft für Tamara das Reisegeld und die offizielle Einladung nach Paris, ohne die kein Visum ausgestellt wird.

»Solche Leute kann man gar nicht hoch genug schätzen, die das Leid des anderen verstehen und helfen!« Tamaras große Dankbarkeit festigt die Freundschaft weiter. Kaliningrad – Paris und zurück. Was auf der Europakarte ein Strich am Lineal entlang ist, wird für Tamara zur Fahrt voller Zwischenstopps.

Panoramawechsel. Ein großer deutscher Reisebus steht fertig zur Heimreise vor dem Kaliningrader Hotel. Während die letzten Reiseteilnehmer einsteigen, tritt vom Bürgersteig her eine fremde Frau mit wenig Gepäck an die vordere Bustür und fragt auf Deutsch, wenn auch mit unverkennbar russischem Akzent, ob sie vielleicht nach Deutschland mitfahren könne. Sie nennt ihre Zielvorstellung Düsseldorf und kann sich durch gültige Reisepapiere ausweisen. Die Verantwortlichen diskutieren hin und her, ein freier Platz wäre wohl da, aber …

Im Bus beginnt ein Tuscheln – man hört so etwas wie unbekannte Person, besondere Grenzprobleme, Risiko, akute Hilfeleistung, offene Versicherungsfragen. Schließlich willigen die Verantwortlichen unter Vorbehalt ein und erklären unmissverständlich, dass die Reise jedoch nur bis Bielefeld gehe.

Die fremde Frau darf einsteigen. Es ist Tamara, die auf diese Weise den Weg nach Paris sucht. In Düsseldorf will sie bei einer Bekannten übernachten und dann den Zug nach Paris nehmen.

Die russisch-polnische Grenze wird, wie meistens, zum nicht berechenbaren Aufenthalt – auch wenn keine besondere Einzelperson wie Tamara an Bord ist. Der Bus trifft erst mitten in der Nacht in Bielefeld ein, von wo die Reiseteilnehmer problemlos in ihr Zuhause zurückkehren. Tamara hingegen fürchtet sich vor dem Alleinsein in der nächtlichen fremden Stadt, ohne Anschlusszug, ohne genügend Geld, ohne hinreichende Deutschkenntnisse.

Eine der Reiseteilnehmerinnen, eine gebürtige Königsbergerin, hat unterwegs im Gespräch mit Tamara von dieser Sorge erfahren. Sie bietet ihr an, sie ab Bielefeld in ihrem Auto weiter mitzunehmen Richtung Düsseldorf, denn sie wohnt selbst in Leverkusen. Auf der nächtlichen Autobahn wird aus dem Nieselregen ein heftiger Wolkenbruch. Für die Fahrerin ist es eine sehr anstrengende Weiterreise.

»Die Scheibenwischer arbeiteten ohne Pause, die Straße war fast nicht zu sehen«, erinnert sich Tamara, »und ich war wieder voll Angst, in der Nacht bei solchem Wetter auf der Straße zu stehen. Aber der liebe Gott hat mich erhört: Der Engel am Steuerrad schaute mich kurz an und fragte, ob es nicht besser sei, wenn ich diese Nacht bei ihr zu Hause übernachte ... Mein Gott! Das war wirklich ein richtiger Engel, der von dir geschickt wurde, um mich in solchem Zustand zu retten!« Und dann fügt Tamara ihrem Bericht etwas Grundsätzliches hinzu: »Ich möchte fragen, ob der Unterschied zwischen den Nationalitäten, den Religionen, den Staatssystemen etwas bedeutet, wenn solche Leute, Gott sei Dank, noch in dieser Welt existieren?«

Zwischen Tamara und der Leverkusenerin ist eine Dauerfreundschaft gewachsen. Nach der damaligen ersten Parisreise sind noch weitere Zwischenstopps und ein Überraschungstreffen, auch für mich, in Leverkusen eingeschoben worden.

Seit 1995 und besonders während unseres fast vierjährigen Einsatzes in Kaliningrad (1999-2002) bin ich Tamara oft wieder begegnet. Wir treffen uns zu Tee und Gespräch in ihrer gemütlichen Wohnung oder bei uns, sehen uns gelegentlich im Deutschkurs oder bei Konzerten in der Auferstehungskirche. Tamara ist eine freundliche Gastgeberin für alle möglichen Leute aus Deutschland, die eine Deutsch sprechende »Anlaufstelle« suchen. Bei etlichen Fahrten über Land ist Tamara in unserem alten VW-Bus mit von der Partie.

Wer ihre Wohnung im 4. Stock eines sowjetischen Plattenbaus betritt, kann einigermaßen versteckt hinter der langen Gardine ein Fahrrad entdecken. »Das brauche ich, wenn ich draußen vor der Stadt zu meiner Datsche (Gartengrundstück) fahre. So kann ich auch die Ernte besser transportieren.« Sie sagt es fast entschuldigend. Einen Abstellkeller für Fahrräder gibt es nicht, nur in den eigenen vier Wänden ist das Rad vor Diebstahl sicher. Das Rad »unter dem Arm« in ihre Wohnetage zu transportieren, sieht sie lächelnd als sportliche Betätigung an. Trotzdem weiß jeder, wie sie sich damit abquälen muss.

Zu der Stadt Sowjetsk/Tilsit hat Tamara immer noch eine enge Beziehung wegen der vielen Erinnerungen an ihre Kinder- und Jugendzeit. Sie hat dort regelmäßig ihre alte Mutter besucht, die bis zu Tamaras Pensionierung dort noch wohnen blieb und erst im hohen Alter nach Kaliningrad zur Tochter umzog, als sie nicht mehr allein zurechtkam. Sobald Tamara eine Chance sieht, die Stadt an der Memel wiederzusehen, nimmt sie sie wahr.

So sind wir eines Tages im Jahr 2004 dort vor der Luisenbrücke verabredet, damit Tamara in unseren großen Reisebus zusteigen kann. »Ich möchte Ihnen meine Stadt zeigen!«, sagt sie durchs Mikrofon. Jeder spürt ihre Kompetenz.

»Das ist auch *meine* Stadt!«, meldet sich eine unserer

deutschen Reiseteilnehmerinnen zu Wort. Die ganze Busgesellschaft horcht spontan auf, und einer ruft laut, was wohl alle denken: »Na, das dürfte ja sehr spannend werden!«

Die andere Frau, die hier ortskundig ist, heißt Roswitha. Sie wird 1934 in Tilsit geboren, ihre Eltern betreiben einen kleinen Gemischtwarenladen. Nicht weit entfernt haben die Großeltern einen Bauernhof und eine Schmiede. »Erst im Juni 1941«, sagt sie, »als wir durch Kanonendonner aufgeschreckt wurden, trat der Krieg in mein Bewusstsein. Mein Vater war schon vorher eingezogen worden, er kam dann immer seltener auf Urlaub, wir haben ihn sehr vermisst. Sehr viel später haben wir erfahren, dass er wirklich als vermisst gilt und haben nie wieder von ihm gehört.«

Das Mädchen wird im Herbst 1941 eingeschult. Roswitha beschreibt ihren einstündigen langen Schulweg, die Fahrt mit dem Großvater in der Pferdekutsche, die Radtouren am Memelufer. Auch sie erlebt trotz Krieg eine schöne Kindheit.

Tamara und Roswitha lernen sich also auf unserer Ostpreußenreise persönlich kennen. Die begleitende Reisegesellschaft spürt die Emotionen, die diese Begegnung auslöst. Beide lebten damals am Stadtrand von Tilsit, die eine östlicher, die andere mehr westlich. Die eine war schon geflüchtet, als die andere ankam. Beide liebten das Baden im Flüsschen Tilse und in der Memel, beide kannten die zugefrorenen Eisflächen für das winterliche Vergnügen. Sie sind sogar zu verschiedenen Zeiten in die gleiche Schule gegangen. Die beiden ungleichen Schulkameradinnen sehen sich nun bei diesem Besuch gemeinsam »ihre« Schule an. Und vom Bus aus gehen die Blicke unserer Reisegruppe ihnen nach, wie sie miteinander im Eingang des alten roten Ziegelgebäudes verschwinden.

Roswitha drückt es so aus: »Es waren bewegende Gefühle, nach 60 Jahren ein fast unverändertes Gebäude zu betreten.

Die Brücke von Tilsit an der litauischen Grenze

Auch der Schulhof war wie früher, nur die Bäume sind gewachsen. Ich empfinde die Begegnung mit Tamara als völkerverbindend.«

Roswitha erzählt, wie sie als Kinder aus der Klasse in den Luftschutzkeller rennen mussten, als ab 1943 Tilsit immer wieder bombardiert wurde. Tamara hat in der Stadt nur noch die übrig gebliebenen Ruinen kennen gelernt. Roswitha und ihre Familie flüchten im Oktober 1944 aus Tilsit, um schließlich in Norddeutschland eine neue Heimat zu finden. Tamara kommt aus Sibirien, und das zerstörte Tilsit/Sowjetsk wird ihr zur neuen Heimat. Beide sagen übereinstimmend und voller Hochachtung im Blick auf alle überstandenen Strapazen: »Erst wenn man älter wird, versteht man auch, was unsere Mütter geleistet haben!«

Inzwischen stehen die beiden Frauen miteinander in Briefwechsel und planen Besuche. Roswitha lernt schon seit mehreren Jahren Russisch, um für Begegnungen – wie diese in Tilsit – besser gerüstet zu sein. Aus den Ruinen der alten Stadt an der Memel und über Grenzen hinweg ist ihre eigene »Brücke von Tilsit«* entstanden.

Die alten Obstbäume sind noch da

Es gibt Begegnungen in Kaliningrad, die überhaupt nicht in Kaliningrad beginnen. Da findet im Herbst 2003 in Waren/Müritz ein Seminar der Europäischen Akademie statt. Das Thema lautet: »Königsberg gestern – Kaliningrad heute«. Wir sind als Referenten eingeladen. Schon die Vorstellungsrunde der Teilnehmer zeigt, dass viele hinter allen europäischen Zukunftsfragen Ostpreußens vor allem eins suchen: Sie wollen »ihrer Geburtsheimat wieder begegnen«, wie es einer ausdrückt. Das ist das Wertvolle für sie.

Wer etwas Wertvolles verloren hat, sucht normalerweise sehr intensiv. Sie suchen in Archiven und Büchern, in Bildern, im Internet, in Vorträgen und Nachfragen. Aber all dieses Suchen ersetzt nicht den Augenschein, die Begegnung vor Ort. Das weiß auch Familie Woelk, die schon seit Kriegsende in Schleswig-Holstein lebt. Fast zwangsläufig kommt unter den Seminarteilnehmern der Wunsch auf, eine Reise mitzumachen in diese Gegend, die mal »Königsberg« und mal »Kaliningrad« genannt wird. Im Sommer 2005 reisen wir zusammen ins nördliche Ostpreußen.

Viktor M. ist Russlanddeutscher. Er wohnt seit Jahr-

* »Die Brücke von Tilsit«: Buchtitel von Ulla Lachauer

zehnten in Kaliningrad und hat mit seinem eigenen Pkw schon viele »Spurensucher« herumgefahren. Manchmal auch an Orte, die es gar nicht mehr gibt. Diese Fahrten haben ihn selbst sensibel gemacht für die Menschen, die wissen, dass sie als Gäste kommen, und trotzdem sagen, dass sie im nördlichen Ostpreußen ihr »Zuhause« wieder sehen wollen.

An diesem Tag steigen die vier Woelks zu ihm ins Auto: Herr Woelk mit Frau, Tochter und Schwester. Die Geschwister möchten noch einmal zu ihrer letzten Königsberger Wohnung in der Schleiermacherstraße fahren. Vor 10 Jahren haben sie bei ihrem ersten Besuch dort niemanden angetroffen, auch diesmal stehen sie wieder vor verschlossener Tür.

»Aber die russische Nachbarin kam hinzu, wie damals auch«, erzählt Herr Woelk über diese Begegnung, die eigentlich eine Belanglosigkeit ist. »Sie kannte mich wieder und hatte Tränen in den Augen.« Eine weitere Spur führt in einen nördlichen Stadtteil, das damalige Charlottenburg, wo das Einfamilienhaus noch steht, in dem die Familie sieben Jahre wohnte. »Die neue Hausbesitzerin zeigte uns bereitwillig das ganze Haus«, sagen die deutschen Besucher und sind sehr berührt, wie warmherzig sie verabschiedet werden – mit der Bitte, doch bald wieder zu Besuch zu kommen.

»Die alten Obstbäume im Hof habe ich genau wiedererkannt!« Herr Woelk stellt es mit Genugtuung fest. Warum sollte man die auch beseitigen, solange sie Frucht bringen? Die Bäume haben keine Empfindung für den, der sie besteigt und aberntet, ebenso wenig wie die Häuser für die Personen, die in ihnen wohnen. Erst die Menschen tragen in ihren Begegnungen Sympathien und Antipathien mit sich herum und lassen sie gewollt oder ungewollt zum Vorschein kommen.

Auf dem Wege nach Selenogradsk/Cranz finden die Geschwister in Groß Mischen ihre alte Dorfschule von vor 60 Jahren wieder, die jetzt eine Gastwirtschaft beherbergt. Der ehemalige Schulhof ist bis zur Unkenntlichkeit zugewachsen und verwildert.

»In diesem Dorf, das früher Zielkeim hieß, fanden wir damals Unterschlupf nach den ersten Bomben auf Königsberg«, erzählt Herr Woelk. Er war damals 8 Jahre alt und hat das schreckliche Geschehen schon bewusst miterlebt. »Von hier aus sahen wir aus etwa 15 Kilometern Entfernung den blutroten Himmel nach der zweiten Bombardierung der Stadt am 29./30. August 1944.«

In dem Häuschen, in dem sie damals unterkamen, sind die russischen Bewohner ebenfalls so verständnisvoll und freundlich, dass die fremden Überraschungsbesucher sich überall umsehen dürfen. Viktor M. leistet als Dolmetscher und Vermittler mal wieder »ganze Arbeit«.

»Ich hatte das Gefühl«, so Herr Woelk, »dass es auf dem Boden noch immer wie früher roch, wo mein Opa seine kleine Schusterwerkstatt hatte, in der ich ihm oft und gern Gesellschaft leistete. Wie klein waren doch die Räume in diesem Haus, in dem wir damals mit 9 Personen Platz fanden! Von hier aus begann im Januar 1945 unsere Flucht per Pferdeschlitten. Mitten in die Nacht hinein durch tief verschneite Winterlandschaft.«

Solche Begegnungen mit der eigenen Vergangenheit gehören nicht in das große Publikum einer Busgesellschaft, sondern in den ganz persönlichen Erlebnisbereich. Was mag hier alles mitschwingen an Erinnerungen? An ostpreußische Sommertage unter dem hohen blauen Himmel mit seinen ständig wechselnden Wolkenbildern, an wogende Getreidefelder, an das unter Eis und Schnee erstarrte weite Land, an die Geborgenheit in der Großfamilie mit der Wärme des großen Kachelofens in der Stube.

Beim traurigen Anblick des verfallenden Gutshauses derer von Bülow und Dennewitz in Roschino/Grünhoff fällt den

Geschwistern Woelk ein, wie ihre Mutter seinerzeit von der Pracht und den Kostbarkeiten dort im »Schloss« schwärmte. Die alte Wassermühle, früher im Familienbesitz der Woelks, ist ganz verschwunden. Sie finden nur noch das große Mühlrad; es liegt in einem Wassergraben.

Während sie weiter suchend herumlaufen, werden einige Dorfbewohner auf sie aufmerksam. Viktor besorgt den sprachlichen Brückenschlag. Die Deutschen geben ihre früheren familiären Bindungen an dieses Dorf zu erkennen, die Russen sind hierher zwangsweise umgesiedelt aus Usbekistan. – Alle schauen nur auf diesen einen Fleck Erde in Ostpreußen. Wem gehört er denn nun richtig? Nur wer solche Spannung und Zerreißprobe selbst gespürt hat, kann die Gefühle der Betroffenen beider Seiten verstehen. Mitteilen und miteinander teilen lässt sich das kaum. Gegensätzliche Pole einerseits und wohlwollende Übereinkunft andererseits. »Lieben, ohne zu besitzen« – so versuchte Marion Gräfin Dönhoff es auszudrücken und Abstand zu gewinnen.

Trotzdem wird die Reisegruppe eines Tages in dieses sensible persönliche Geschehen einbezogen und nachhaltig berührt. Auf einer Tour durch das Samland kommen wir in das frühere Kirchdorf Pobethen, das heute Romanowo heißt. Der Bus hält neben der alten Mauer des Kirchengrundstücks, das jahrhundertelang der örtliche Friedhof war. Die sowjetische Zeit hat einen asphaltierten Platz daraus gemacht, damit landwirtschaftliche Fahrzeuge vorfahren konnten, denn auch diese Kirche wurde zum Getreidelager umfunktioniert. In die Apsiswand brach man auch hier ein großes rechteckiges Loch als Einfahrtstor. Inzwischen bricht die Natur durch den Asphalt hervor: Gräser, Löwenzahn, Kamille, Moose und unscheinbare zarte Wildblumen machen sich breit.

Ein trauriger Anblick: die verfallene Kirche von Pobethen/ Romanowo

Das Kirchendach ist größtenteils eingestürzt. Wo früher der Altar stand, sind an der Rückwand noch wenige Reste von Fresken zu erkennen. Es sind Engelsfiguren. Sie sehen aus, als wollten sie noch schützen, was längst dem Verfall preisgegeben ist. Im Längsschiff der Kirche wuchern schon hohe Büsche und Brennnesseln.

Herr Woelk als ehemaliger »Einheimischer« hat es übernommen, unserer Gruppe einige Informationen über diese Kirche zu vermitteln. »Die Kirchenruine lässt noch die Pracht einer herrlichen Backsteinkirche erahnen«, erklärt er mit starker Stimme, »mit kunstvoller Vorderfront und einem geräumigen Kirchenschiff. In dieser Pfarrkirche aus dem 14. Jahrhundert, einer der größten im Samland, wurden unsere

Eltern getauft und konfirmiert. Mutter sang im Kirchenchor, Vater spielte im Posaunenchor. Gottesdienste an Sonntagen gehörten zum Wochenrhythmus. Und jetzt stehen nur noch die Außenmauern und da oben das Storchennest ...!«

Unsere Gruppe steht da draußen zur Andacht versammelt, im Schatten neben der Kirchenruine, die als wertvolles Kulturgut nicht mehr zu retten ist. Vor diesem Hintergrund versagt Herrn Woelk die Stimme für weitere Erklärungen. Alle Anwesenden sind tief betroffen von dieser Begegnung mit der Vergangenheit, sie verstehen auch ohne Worte. Das sonst so gute und sichere Singen fällt uns hier sehr schwer. Eine ältere russische Dorfbewohnerin bleibt etwas entfernt neben der Kirchenwand stehen und bekreuzigt sich inbrünstig.

Das Schwere solcher Begegnungen soll nicht verdrängt werden, aber auch nicht die Oberhand gewinnen. Darin sind sich die Mitreisenden einig. Schließlich haben doch alle nach dem Verlust der ostpreußischen »Geburtsheimat« eine neue »Wahlheimat« im Westen gefunden. Ein Pastorenehepaar aus der Gruppe hat extra für diese Reise eine kleine Sammlung von Gesangbuchliedern ostpreußischer Textdichter und Komponisten zusammengestellt. Gemeinsames Singen verbindet und befreit auf eigene Weise, auch von dem, was »unter die Haut gegangen« ist. Das haben die Reisenden deutlich gespürt bei den vielen Begegnungen mit diesem vertrauten und doch unbekannten Land.

»Hier wohnen wir jetzt!«

Der Herbstwind löst die ersten bunten Blätter von den Ästen, aber in den privaten Gärten stehen die Astern und Dahlien noch in schönster Blüte. Auf dem Weg durch das Datschengelände am nördlichen Stadtrand von Kaliningrad sehen wir die Leute bei der Arbeit, wie sie Kartoffeln in selbst gezimmerte Kisten einlagern und letzte Äpfel pflücken. Bündel von Zwiebeln hängen zum Trocknen in der Sonne. Ein alter Mann spaltet Holz auf einem Hauklotz und stapelt es unter einer Plastikplane. Viele Häuschen sind erst halb fertig, aber doch dauernd bewohnt. Der Zufahrtsweg ist voller Schlaglöcher, in denen zum Glück jetzt wenig Wasser steht, so dass sich ihre Tiefe abschätzen lässt.

Es ist gut, dass an diesem Herbstsonntag im Oktober 2003 so schönes Wetter ist. Das macht so manchen Eindruck erträglicher.

Auf ihrem Grundstück, das uns Irina zeigen will, steht ein kleines Einfamilienhaus im Rohbau. Die beiden Räume des Erdgeschosses haben schon Fenster und eine feste Zimmerdecke, doch in der ersten Etage ist noch alles offen, der Dachstuhl erst halb fertig. Die Balken ragen hier und da heraus, es fehlt der endgültige, genaue Zuschnitt. Die Baustelle lässt erkennen, dass hier schon länger nicht gearbeitet wurde.

Während Irina das Eisengestänge zurückschiebt, mit dem das Grundstück abgeschlossen ist, schießt ein großer Hund aus einem Verschlag hervor und bellt uns grimmig an. »Ja«, sagt Irina, »er muss hier gut aufpassen, damit nichts gestohlen wird.« Nachdem sie den Hund eingesperrt hat, lässt sie uns nähertreten. Hinter den Rohbau haben sie einen einachsigen Bauwagen gefahren, der hinten und vorne mit ein paar Balken gestützt, so einigermaßen in der Waagerechten gehalten wird.

»Hier wohnen wir jetzt.« Irina sagt es, und wir spüren, wie sie sich vor uns schämt wegen der primitiven Behausung.

Eine halbe Stunde vorher war sie noch mit uns in der Auferstehungskirche, hat im Gottesdienst die kleine Orgel gespielt und den Chor geleitet. Als sie dort in weißer Bluse und langem schwarzem Rock vor der Gemeinde stand, konnte noch keiner von uns ahnen, in was für ein Zuhause sie uns führen würde.

Die Eingangstür des Bauwagens befindet sich mehr als einen Meter hoch über dem Boden. Aus schräg versetzten Holzpaletten, die normalerweise von Gabelstaplern transportiert werden, haben sie eine Treppe gebaut. Drinnen sind durch einen quer gestellten Schrank zwei winzige Räume für die vierköpfige Familie entstanden. Die beiden Mädchen von 8 und 11 Jahren begrüßen ihre Mama stürmisch. Sergej, Irinas Mann, sitzt auf einem Stuhl und sucht bei unserem Eintreten nervös nach seinen Krücken. Irina hilft ihm beim Aufstehen, und wir staunen, wie geschickt er sich auf der provisorischen Treppe hinunterhangelt, damit wir alle miteinander »vor der Tür« sitzen können. Da hat die Familie ihren »Freiluft-Essplatz«.

»Vor zwei Monaten hatte er den schweren Unfall«, erzählt Irina, »er war als Maurer auf einer Baustelle tätig und ist aus acht Metern Höhe vom Gerüst in die Tiefe gestürzt. Er kam ins Krankenhaus und hat dann mit sechs Knochenbrüchen anderthalb Monate lang steif auf dem Rücken liegen müssen. Erst seit zwei Wochen ist er wieder zu Hause.« Sergej selbst äußert sich kaum, er hat offenbar noch starke Schmerzen. Spätestens jetzt ist klar, warum es mit dem Bau des eigenen Häuschens nicht weitergegangen ist.

»Der Keller steht fast bis zur Decke voller Wasser«, klagt Irina, »das ist unser größtes Problem jetzt vor dem Winter. Wir wollen doch nicht, dass die Nässe in die Wände zieht. Wenn wir wenigstens eine Pumpe hätten!« Von akutem

»Hier wohnen wir jetzt!«

Geldmangel spricht sie nicht, jeder weiß aber auch so Bescheid. Irina selbst geht in aller Frühe in eine Bäckerei, hilft dort gegen ein bisschen Verdienst beim Brötchenformen. Bis die Mädchen zur Schule losgehen müssen, ist sie schon wieder zurück.

Bei diesem Besuch im Herbst 2003 lässt Irina uns Fotos von ihrem Rohbau machen. Wir hoffen, in Deutschland Unterstützung zu finden für so einen Härtefall. Denn wer es nicht gesehen hat, glaubt es kaum.

Solche Not hat Irina in ihrer Kindheit nicht erlebt. Ihre Eltern waren Ärzte und lebten in Semipalatinsk im Osten der sowjetischen Republik Kasachstan, wo Irina 1965 geboren wurde. Ihre musikalische Begabung zeigte sich schon früh und wurde von den Eltern gefördert. Sie durfte eine Musikschule besuchen und studierte später an einem Pädagogischen Institut.

Was man allerdings der gesamten Bevölkerung in Semipalatinsk verschwieg, war die starke Gefährdung des Gebiets durch die dortigen Kernenergieanlagen. So sammelte Irinas Mutter ahnungslos verseuchte Pilze, und Irinas erste Tochter kam mit einem angeborenen Herzfehler zur Welt, den die Ärzte auch auf die Verstrahlung zurückführten.

Nach dem Zusammenbruch der UdSSR kommt es in dem riesigen Land zu enormen Bevölkerungsverschiebungen. Irinas Familie zieht schon 1992 so weit wie möglich nach Westen, nach Kaliningrad, zumal ihr Mann mit dem Familiennamen Lengard ein Russlanddeutscher ist. Sie finden eine Bleibe in Slawsk/Heinrichswalde (Elchniederung), wo Irina in der örtlichen Musikschule arbeiten kann. In diesem kleinen Städtchen lernt sie binnen kürzester Zeit Edith Fetingene kennen, eine gestandene Ostpreußin aus dem Memelland, die ebenso gut deutsch wie litauisch und russisch spricht. Frau Fetingene ist in den 90er-Jahren die »tragende Säule« oder auch der »Motor« der jungen evangelischen Gemeinde im Ort. Irina erfährt von Edith viel über Land und Leute, lässt sich mit ihrer Familie in die Gemeinde einladen. Von da an nehmen die Lengards regelmäßig an den Gottesdiensten teil, und es dauert nicht lange, bis Irina das Spielen der kleinen Elektroorgel übernimmt und einen Chor gründet.

Nur Sergej findet in Slawsk und Umgebung keine Arbeit. Die Hauptstadt zieht nahezu magnetisch die Menschen an, die ländlichen Gebiete dünnen immer mehr aus. Auch die Lengards ziehen fort. Doch inzwischen sind die Wohnungen in der Hauptstadt knapp und teuer geworden. Irinas Familie fängt deshalb ihr neues Leben auf dem Datschengrundstück an, das sie sich kaufen konnten.

Zwei Jahre später, im Sommer 2005, lädt uns Irina erneut zu sich nach Hause ein. Sergej hat die Krücken längst in die Ecke gestellt, auch wenn er das eine Bein ein wenig nachziehen muss und eine Hand ab und zu noch schmerzt. Hohe Baugerüste wird er wohl nicht wieder besteigen. Mit Hilfe von Freunden haben sie das Dach seines Hauses dicht gemacht, der Keller konnte austrocknen, weil noch rechtzeitig eine geeignete Pumpe aus Deutschland eintraf. Der Bauwagen ist nun zum Geräteschuppen degradiert, da die Lengards inzwischen in ihrem Häuschen unterkommen konnten. Von richtigem »Wohnen« kann allerdings noch keine Rede sein, solange sie ihre Möbel hin- und herschieben müssen, je nachdem, wo gerade der Estrich gelegt oder die Steckdosen unter Putz gebracht werden müssen oder tapeziert wird.

Irinas Klavier ist zeitweise völlig unter einem Kleiderberg verschwunden, weil der Kleiderschrank noch zerlegt ist. Wenn Irina etwas musikalisch vorbereiten muss, räumt sie das Instrument frei und schickt die Bauleute aus dem Raum. Seit sie auch in der Kaliningrader Gemeinde für die Kirchenmusik zuständig ist, hat sie nämlich viel zu tun, obwohl sie an die Erfahrungen aus Slawsk nahtlos anknüpfen kann. Dem Frauenchor und dem Flötenkreis hat sie nicht nur ein neues Musikprogramm, sondern auch straffe Disziplin beigebracht. Die Sängerinnen üben neben ihren gottesdienstlichen Auftritten auch für Konzertreisen nach Deutschland, zu denen sie eingeladen werden.

»Nein«, sagt Irina, »Erholung sind solche Reisen für mich nicht, auch wenn wir immer sehr freundlich in den Gemeinden und Gastfamilien empfangen werden. Ich bin auch immer noch aufgeregt, weil es doch gut werden muss!« Wenn sie Erholung sucht, arbeitet sie lieber draußen im Garten oder unter dem Plastikdach in ihrem kleinen Treibhaus, wo auf den Hochbeeten prächtige Tomaten, Paprika und Gurken wachsen.

Lieber eine Kerze anzünden ...

Die Straße führt geradeaus durch ein Dorf, das gar keinen dörflichen Charakter hat. Es gibt nur Anfang und Ende, aber keine Mitte. Nur ein unbewohntes altes Gutshaus etwas abseits der Straße beweist, dass hier auch vor 1946 schon Menschen lebten. Rechts und links unserer Strecke liegen in genormten Abständen gleichförmige zweigeschossige Häuser aus sowjetischer Zeit. Es ist ein Wohngebiet für Familien, die in dem zugehörigen Kolchos- oder Sowchosbetrieb ihr Brot verdienten, vielleicht als Traktoristen, Melker, Maschinisten oder Arbeiter in der Schweinezucht.

Der stillgelegte Großbetrieb liegt etwas entfernt von der Straße, von weitem erkennt man die langgestreckten, zerfallenden Flachbauten. Als er noch funktionierte, lebten die Menschen hier von und für ihren landwirtschaftlichen Betrieb. Um die Fragen von Düngung, Maschinen, Fruchtfolge, Bodenverbesserung, Vermarktung und Rentabilität hatte sich »der kleine Mann« nicht zu sorgen. Bis der zentralistisch geführte Sowjetstaat in seiner Struktur zusammenbrach. Ein Ende, aus dem zwangsläufig ein neuer Anfang wachsen muss.

»Selten habe ich entlang der Straße so viele Blumen- und Gemüsebänkchen gesehen wie hier!«, ruft einer unserer Mitfahrer beim Durchfahren dieser Ansiedlung. »Ist das da Milch oder Sahne in den großen Gläsern? Ist das hinreichend sauber und genießbar? Das sieht so aus, als ob sie die Milchflaschen in Wassereimern kühlen. Stammen die Produkte alle aus den hiesigen Gärten? Da vorn verkauft einer frische Eier!

Warum gehen die Leute nicht mit ihren Waren auf den Markt?« So schwirren die Bemerkungen und Fragen durcheinander.

Neben ihren primitiven Bretterständen und Tischchen sitzen die Babuschkas oder die Kinder auf ihren Hockern, wachen und warten. Wenn ein Wagen am Straßenrand anhält, ereifern sie sich über die Qualität ihrer Kartoffeln, der Beeren oder der Tomaten aus dem eigenen Garten. Sie bieten hier und da auch Zwiebeln und Zucchini, frischen Bärlauch, Kräuter, Rosen- und Bartnelkensträuße an. Wer ihnen etwas abkauft, bekommt nicht selten als Dank einen orthodoxen Segensspruch mit auf den Weg.

»Ostpreußen wurde doch oft ›Kornkammer des deutschen Reiches‹ genannt«, erinnert sich einer und löst damit eine Diskussion über Gewesenes und Zukünftiges aus. Ein Landwirtschaftsexperte ist mit in der Gruppe und versucht zu klären. Er steht schon länger in intensivem Austausch mit vielen, meist russlanddeutschen Neuankömmlingen im Kaliningrader Gebiet, die hier quasi aus dem Nichts heraus eine neue Existenz aufbauen wollen oder müssen. »Wir möchten gern selbst unser Brot verdienen«, haben sie ihm gesagt, »Land gibt es genug. Aber wir haben kein Geld, keine Technik, und uns fehlen die nötigen Kenntnisse. Wir brauchen Hilfe!«

Der noch immer gültige Werbespruch der evangelisch-lutherischen Propstei »Eine Kuh für Königsberg – eine Kuh ernährt eine Familie« hat etlichen neu zugezogenen Familien einen bescheidenen Lebensunterhalt gesichert und sie vor dem Hungern bewahrt. Aber auch eine Kuh muss im Wechsel der Jahreszeiten mit fachlichen Kenntnissen gepflegt und gefüttert werden. Wenn sie im Winter nur mit Heu gefüttert wird, gibt sie wenig oder gar keine Milch und magert erschreckend ab. »Hier möchte ich keine Kuh sein!«, kommentierte eine Dolmetscherin, als sie von den Problemen erfuhr.

Gregor hat in Kasachstan als Lehrer gearbeitet. Als er mit seiner Familie ins Kaliningrader Gebiet kommt, wird ihm als mittellosem Einwanderer ein marodes, leer stehendes Haus auf dem Lande zugewiesen. Nur mit Landwirtschaft kann die Familie überleben, andere Arbeit gibt es nicht für ihn. Er pachtet günstig Flächen hinzu, kann sie aber nicht hinreichend bewirtschaften, weil er nie als Landwirt tätig war. Außerdem fehlt ihm die einfachste Technik.

Bauer H. hat es offenbar besser geschafft. In Kasachstan war er schon auf Viehhaltung und Milchwirtschaft spezialisiert. Dort in der Steppe weidete seine Herde von über hundert Milchkühen und Jungvieh. Ein berittener Hirte bewachte sie. Hier im nördlichen Ostpreußen muss er härter kämpfen. Die Anpassung an die örtlichen Boden- und Klimabedingungen fällt ihm schwer. Und der niedrige Preis für Milch lässt ihn erst recht am Sinn und Erfolg seiner Arbeit zweifeln: Für einen Liter erhält der Erzeuger 6 Rubel (das sind im Sommer 2005 0,17 €).

»Unter diesen Umständen bleiben die jungen Leute nicht hier in den Dörfern«, klagen die alten Eltern. »Die Städte werden reicher und locken besonders die Jugend an; aber die Dörfer sterben aus, und die Armut nimmt zu.«

Viele der so betroffenen russlanddeutschen Zuwanderer sammeln sich auf dem Lande zu kleinen Gemeinschaften. Es verbindet sie zumeist die materielle Hilflosigkeit, aber auch der Glaube. »Die Kirche wird uns schon weiterhelfen!«, sagen sie voller Vertrauen. Wer dann als auswärtiger und deutscher Pastor zu den Gottesdiensten in die Dörfer kommt, wird mit diesen existenziellen Fragen so stark konfrontiert, dass er sich zur Hilfeleistung gedrängt fühlt.

Alfred Scherlies ist gebürtiger Ostpreuße und »Rentner-

Eine junge Landwirtsfamilie versucht den Neuanfang

pastor«, wie er sich selbst nennt. Schon seit mehreren Jahren hilft er immer wieder ein paar Wochen lang in den neu entstandenen Gemeinden aus. Er möchte die materielle Hilfe zwar lieber der seelsorgerischen nachordnen, aber die Existenznot bestimmt die Reihenfolge.

Seine Aktionen gleichen einem langen Hürdenlauf. Die Hilfeleistungen sollen möglichst rasch erfolgen und müssen doch in ihrer ganzen Tragweite wohl überlegt sein. Gerecht muss es zugehen, die Leistungsbereitschaft soll geweckt und gute Arbeit belohnt werden. Eine gute Idee bei noch schmalem Budget.

Aus der Organisation »Christliche Fachkräfte International« (CFI) kommt ein Experte mit nach Ostpreußen und rät ihm, unter den Hilfesuchenden einen vertrauenswürdigen Verein zu gründen. So treffen sich im September 2001 etwa

60 Personen aus den Landgemeinden in den Räumen der Auferstehungskirche in Kaliningrad. Voller Optimismus gehen sie an den Start und gründen den Verein »Rat und Tat«, der in Russland juristisch registriert wird.

»Wir sind eine nichtkommerzielle, also gemeinnützige Organisation. Ziel des Vereins und seiner Freunde in Deutschland«, so Scherlies, »ist Armutsbekämpfung durch Hilfe zur Selbsthilfe.« Klar, dass bei einem eher symbolischen Monatsbeitrag der Mitglieder von 10 Rubel (etwa 0,30 €) die finanziellen Mittel aus Deutschland kommen müssen. Auch wenn in Deutschland für den jungen Verein die Anerkennung seiner Gemeinnützigkeit noch aussteht.

Wer investieren will, braucht Geld. »Viele Maschinen und Geräte aus den Beständen der Kolchosen, falls überhaupt vorhanden, sind in der Regel mindestens 20 Jahre alt, sind überaltert und schrottreif. Ein Mähdrescher benötigte oft nach einem Tag Einsatz zwei Tage zur Reparatur.« Scherlies und seine Vorstandskollegen möchten gern Kredite als Starthilfen vergeben, aber die Probleme türmen sich auf wie die Spitzen der Eisberge:

Wie finden wir Freunde und Spender in Deutschland?

Nach welchen Kriterien sollen Kredite vergeben werden?

Sind die Kreditnehmer vertrauenswürdig genug, dass sie die Verträge einhalten?

Wozu Kredite, wenn die Kreditnehmer so wenig landwirtschaftlich geschult sind?

Gute Ratschläge, kostengünstige Beratung und Expertenwissen aus Deutschland werden von den angehenden Existenzgründern zunächst freudig begrüßt. Sie lassen sich zweimal jährlich über Bodenqualitäten, Ackerbau und Viehzucht, Vermarktungsmöglichkeiten und vieles mehr schulen. »Aber wir haben es doch in der Kolchose ganz anders gemacht!«, kontert irgendwann der eine, und ein anderer fügt hinzu, dass der Großbetrieb von früher doch mehr Vorteile hatte als die klein- und mittelständische Landwirtschaft. Es zeigt sich in den Seminaren, dass sich die »Neubauern« sehr schwer tun, wenn sie eigene Verantwortung übernehmen sollen.

»Eigentlich wollten wir dem Diktat der Kolchosleitung ja gar nicht folgen«, stellt eine der Frauen im Nachhinein fest, »aber leichter als jetzt in der Selbstständigkeit war es damals doch!«

Die Experten aus Deutschland spüren, dass sie ihre Schulungsmethoden verändern müssen. Deutschland und Russland sind eben weiter voneinander entfernt als die messbare Strecke in Kilometern. Sibirische und mittelasiatische Erfahrungen lassen sich auch nicht unmittelbar auf ostpreußische Gegebenheiten übertragen. Für die russlanddeutschen Neubauern ist es allemal leichter, Geld anzunehmen als erhaltene Ratschläge in die Tat umzusetzen, von denen sie kaum oder gar nicht überzeugt sind.

Die landwirtschaftlichen Berater suchen nach einem neuen Weg. »Wenn ihr mit anderen Betrieben enger zusammenarbeiten würdet, könntet ihr doch die vorhandene Landtechnik viel besser ausnutzen! Welcher Kleinsiedler kann sich denn schon einen eigenen Maschinenpark leisten?« So gut es gemeint ist, so prompt kommt die Ablehnung: »Und wer bezahlt die Reparatur und Wartung der ›genossenschaftlichen‹ Geräte?« Hier kommen die negativen Erfahrungen mit der aufgezwungenen Genossenschaftsarbeit aus Sowjetzeiten zum Tragen. Es gab zu wenig eigene Freiheit, zu viel Misstrauen gegenüber einem »Team«. Die meisten dachten nur an den eigenen Vorteil.

»Aber Geduld zahlt sich aus!« Alfred Scherlies sagt es im dankbaren Rückblick. »Mit der Zeit merkten unsere Freunde, dass wir ihnen nicht besserwisserisch in Deutschland bewährte Methoden aufzwingen wollen, sondern sie zu verstehen suchen. Wir wollen ihnen doch mit ›Rat und Tat‹ zur Seite stehen und dabei ihre Verhältnisse und Möglichkeiten berücksichtigen. Unsere erste und wichtigste Aufgabe ist es, Vertrauen zu gewinnen!«

Mit diesen Vorsätzen schaffen sie es, für den Verein ab 2004 mit Dr. Brümmel einen Fachmann zu finden, der ein neues Konzept mitbringt – eine Art »learning by doing«. Er sagt von sich selbst: »Ich besuche die Familien regelmäßig, um ihre Lage zu verstehen … Meine Beratung besteht auch darin, dass ich mit Arbeitsgruppen interessierter Landwirte ausgewählte, erfolgreich geführte Betriebe besichtige. Nicht theoretische Überlegungen stehen im Vordergrund, sondern ganz praktisch die Erträge der Feldwirtschaft und Milchviehhaltung. Natürlich auch die Maßnahmen, mit denen sie erzielt wurden. So lernen die Bauern aus den Erfahrungen anderer, die etwa unter gleichen Bedingungen arbeiten wie sie selbst, und mit ihrem Erfolg zufrieden sein können. Diese Beratungsmethode hat guten Anklang gefunden. Die Teilnehmer kommen aus bis zu 100 Kilometer entfernten Orten angefahren. Auf Wunsch werden solche Besichtigungen mehrmals im Jahr durchgeführt. Und etwa dreimal pro Jahr verschicken wir Rundbriefe mit aktuellen Hinweisen für unsere Landwirte.«

Trotzdem hält die Abwanderung in die Städte an. Von anfangs 80 Interessierten sind etwa 30 engagierte Landwirte übriggeblieben, die auch Kredite bekamen und die vertragsgemäße Rückzahlung einhalten. Vollerwerbsbetriebe in der Landwirtschaft haben einen schweren Stand, weil die Konkurrenz aus den Nachbarländern sehr stark ist. »Wir müssen uns noch eine andere Arbeit zusätzlich suchen«, sagt einer der Landwirte, »sonst kommen wir nicht zurecht! Die Preise für unsere einheimischen Produkte sind viel zu niedrig!« Zwangsläufig verändern sie sich zu Nebenerwerbsbetrieben.

Die Vermarktung der Produkte wird zunehmend schwierig. »Wir könnten es mit Sonderkulturen wie Radieschen, Kräutern, Paprika und Erdbeeren versuchen«, sagt einer, der nach wie vor mutig in die Zukunft sieht. »Wir würden sie direkt auf die nahe gelegenen Märkte bringen«.

Alfred Scherlies begründet seine Zuversicht mehr mit dem geistlichen Gedanken, »dass unsere Verlegenheiten Gottes Gelegenheiten werden können«. Ja, es stimmt: Man sollte lieber eine Kerze anzünden als über Dunkelheit klagen.

Königsberg, Woermannstraße 43

Die Chorprobe ist auf 18 Uhr angesetzt, aber die Pünktlichkeit der Sängerinnen lässt oft zu wünschen übrig. Ärgerliche Bemerkungen helfen hier überhaupt nicht weiter, denn es kommen zu viele Gründe zusammen. »Warum muss ich bei freiwilliger Teilnahme auch noch pünktlich sein?« – »Die Anfahrtswege sind weit und die Straßenbahnen haben immer Verspätung.« – »Die Fahrtkosten sind so hoch; das kann ich mir nicht jede Woche leisten.« – »Die Arbeit im Garten ist bei dem guten Wetter heute wichtiger als das Singen. Wir müssen doch an die Versorgung im nächsten Winter denken!« – So denken oder sprechen sie, wenn sie nach und nach in den Probenraum hereinkommen. Und zögert sich der Beginn der Probe auch hinaus, so verschafft er uns doch die Chance zum gegenseitigen Kennenlernen.

»Von woher sind Sie denn nach Kaliningrad gekommen?« Das ist die Frage, die am häufigsten gestellt wird, in der Regel von uns Deutschen. Es ist weniger pure Neugier als unsere

Art der Kontaktaufnahme. Die russische Seite hat da wesentlich mehr Berührungsängste. Uns wird diese Frage kaum gestellt; das Wissen »sie kommt aus Deutschland« reicht vollkommen aus. Man möchte auch nicht zu erkennen geben, wie schmal die eigenen geografischen Kenntnisse von Deutschland sind.

Russen antworten auf meine Frage dann auch meist nur mit einem blassen »Ich bin aus Kasachstan«, »... aus Kirgistan« oder »... von der Wolga«. Es braucht manchmal Tage und Wochen mit wiederholten Begegnungen, bis sie von sich aus etwas von ihrer Familie, ihrer Arbeit, ihren kleinen und großen Sorgen erzählen. Es ist wohl eine Folge sowjetischer Erziehung, eine Vorsichtsmaßnahme, seine eigene Persönlichkeit möglichst im Hintergrund »bedeckt« zu halten. So lautet auch die typische Antwort auf die Frage, wie es ihr oder ihm denn gehe: »Normalno«, also »normal« – was natürlich so gut wie nichts aussagt und oft auch gar nicht stimmt. Erst wenn die zwischenmenschliche Vertrauensbasis geschaffen ist, äußert sich das russische Gegenüber in ungeahnter Herzlichkeit und Offenheit.

»Wir haben schon auf der Krim und später auch auf der fernöstlichen Halbinsel Kamtschatka gelebt«, sagt eine Frau aus dem Chor während der Wartezeit, »mein Vater war Schiffsarzt und wurde oft versetzt, schließlich hierher nach Kaliningrad.« Eine andere erzählt, wie sie als Kind in Alma-Ata zur Schule ging und außerhalb des Hauses niemand erfahren durfte, dass ihre Oma Deutsche war. Eine Mitsängerin hat als Russlanddeutsche längst einen deutschen Pass und eine Wohnung in Berlin, kommt aber im Sommer oft für einige Monate nach Kaliningrad, der Gemeinschaft wegen. Eine Frau berichtet von ihrer Ausbildung zur Krankenschwester in St. Petersburg und dass sie nur wegen ihrer Ehe und eigentlich widerwillig nach Kaliningrad gekommen sei. Andere erzählen, wo ihre Verwandten leben, oft über ganz Russland verstreut. Die Wartezeit vergeht wie im Flug. In diesen persönlichen Schilderungen wird die Exklave Kaliningrad so klein wie ein Stecknadelkopf, während der Hauch der riesigen russischen Weite durch den Raum zieht.

»Aber *sie* ist hier in Kaliningrad geboren!« Das sagt eine der Frauen in der Runde und weist auf Nadja.

»Ja, das stimmt, und ich wohne in einem alten deutschen Haus!« Nadja sagt es voller Selbstbewusstsein und Liebe zu ihrer Heimat. Angesichts der vielen »Zugereisten« war wohl der Eindruck entstanden, dass die gebürtigen, einheimischen Kaliningrader auf diesem abgelegenen Fleck der russischen Landkarte das volle Mitleid verdient hätten. »Ich bin sogar in dem alten deutschen Haus geboren, früher war es die Woermannstraße im Stadtteil Ratshof. Die Hausnummer 43 ist geblieben, jetzt heißt die Straße uliza Wosduschnaja.«

Dass Nadja diese Details aus der deutschen Vergangenheit so genau kennt, weckt mein besonderes Interesse. Während der Sowjetzeit hatte man doch der Bevölkerung das Suchen in der Geschichte Königsbergs vorenthalten oder sogar verboten. Woher weiß sie das alles so gut?

Wir vereinbaren, dass wir uns noch genauer darüber unterhalten möchten. Die Chorprobe kann beginnen, nachdem nun alle zu Erwartenden eingetroffen sind. Auch das Singen verbindet die Menschen untereinander sehr, wir üben sowohl russische als auch deutsche Lieder ein. Die Notenschrift ist international, und Musik kennt keine Grenzen. Nadja ist eine unserer »Säulen« im Sopran. Gelegentlich springt sie auch als Chorleiterin oder mit Klavierbegleitung ein.

An einem Samstag im Mai 2002 will unser Chor einen »Betriebsausflug« auf die Kurische Nehrung unternehmen. Frühlingshaft schönes Wetter, alle sind bester Laune. Allerdings hat unser VW-Bus nicht genügend Plätze für alle, und ein anderer eingeplanter Wagen ist defekt. Bevor es lange Gesichter gibt, wer denn dann zu Hause bleiben müsse, bietet Nadja an, dass ihr Mann wohl auch fahren würde. Er hat sich als Geschäftsmann selbstständig gemacht. Auf Nadjas Anruf hin kommt er mit seinem eigenen großen Pkw, sodass niemand auf den Ausflug verzichten muss.

Beim Aufstieg auf die hohe Düne oberhalb von Morskoje / Pillkoppen komme ich mit Nadja ins Gespräch.

»Ja, ich bin in meinem ganzen Leben noch niemals umgezogen«, sagt sie, »seit ich 1955 in dem Haus in der früheren Woermannstraße zur Welt kam.« Sie erzählt dann, dass ihre acht Jahre ältere Schwester noch in der Nähe von Moskau geboren wurde. Der Vater hatte nach Kriegsende eine juristische Ausbildung durchlaufen. »Nach Beendigung des Studiums bekam er eine Stelle in Kaliningrad zugewiesen. So fand sich unsere Familie in diesem preußischen Gebiet ein. Meinen Eltern wurde eine Wohnung in dem alten deutschen Haus überlassen.«

Die Grundschule besuchte Nadja auch in einem alten Gebäude, das nicht weit entfernt von der Wohnung lag: In Königsberger Zeit war es die Kunstakademie, nahe beim Hammerteich. »Mein Sohn hat später auch noch diese gleiche Schule besucht.« Und dann fügt sie etwas hinzu, was ich von russischer Seite überhaupt nicht erwartet hätte: »Ich möchte gern die deutschen Leute einmal kennen lernen, die früher in diesem, jetzt unserem Hause gewohnt haben!«

Auf mein Nachfragen hin erzählt Nadja, wie ihre Familie nach Kaliningrad kam und auch die Weite Russlands erfahren und erlitten hat. Der schmerzlichste Verlust liegt noch nicht lange zurück: Es ist der tragische Tod ihres Sohnes Wadim im Jahr 2003. Das ist noch so nah und unbewältigt, dass sie nicht weiter darüber sprechen mag.

Nadjas Vater ist 1922 in Zarizyn an der Wolga geboren, das danach Stalingrad wurde und heute Wolgograd heißt. Er stammt aus einer Familie ukrainischen Ursprungs, die russifiziert wurde. Auf der Suche nach besseren Lebensbedingungen, so Nadja, zog die gesamte Großfamilie 1928 nach Aschchabad in Mittelasien (Südgrenze Turkmenistans zum Iran). Dies war die Zeit von Stalins Aufstieg zur Macht. Nadjas Vater wurde mit Beginn des Zweiten Weltkriegs (für die UdSSR ab 1941) an die Front geschickt. Er wurde Kommandeur und kam mit der Panzerarmee nach Prag.

Die spätere Tätigkeit im zivilen Leben als Jurist in einer Kaliningrader Kanzlei, als Staatsanwalt, als Untersuchungsrichter und als Advokat muss ihn sehr erfüllt haben. Nadja schreibt über ihn, was 1994 nach seinem plötzlichen Tod durch Infarkt zum Ausdruck kam: »Viele Leute in Kaliningrad kannten und schätzten ihn wegen seiner Aufrichtigkeit.« Seinen beiden Töchtern hat er seine eigene Liebe zur Kunst und besonders zur Musik vererbt. Beide wurden zu Musiklehrerinnen ausgebildet und unterrichten bis heute, vor allem in den Fächern Klavier und Chorleitung.

Nadjas Mutter ist fast 80 Jahre alt und lebt auch in Kaliningrad im Kreise der Töchter und deren Familien. Von Beruf war sie Pädagogin. »Sie stammt aus einer multinationalen Familie«, sagt Nadja, und ihre Stimme bekommt Gewicht: »Einer der Vorfahren meiner Mutter war orthodoxer Priester, er heiratete eine deutsche Frau, die den orthodoxen Glauben annahm.« Einer von Nadjas Urgroßvätern war Weißrusse, seine Frau Polin.

Nadjas Großfamilie ist ein Beispiel aus dem alten Vielvölkerstaat Russland. Nach der 1000jährigen Glaubenstradition der Orthodoxen Kirche zu urteilen, hätte Nadja wohl eher orthodox werden können. Denn die totalitäre UdSSR hat es nicht vermocht, die orthodoxe Kirche auszurotten, die in ihrer Substanz tief in der russischen Seele verwurzelt ist. Aber in Ostpreußen war die russische Orthodoxie nie heimisch. »Zu der Zeit, als ich geboren wurde (1955)«, sagt Nadja, »gab es in Kaliningrad überhaupt keine Kirchen. Die deutschen Kirchen waren entweder zerstört oder wurden als Lager genutzt.«

»Und wie bist du selbst zur evangelischen Kirche gekommen?« Diese Frage drängt sich in unserem Gespräch natürlich auf.

»Meine Eltern tauften mich nicht.« So antwortet sie knapp, ohne auf Einzelheiten ihres eigenen Suchens und Findens einzugehen. »Erst als Erwachsene habe ich den evangelisch-lutherischen Glauben angenommen, das war vor fünf Jahren.« So schließt sie selbst dieses Kapitel ab. Sie nahm einige Wochen am Glaubensunterricht in der Auferstehungskirche teil und wurde dort im Jahre 2001 getauft.

Wir haben auf unserer Ausflugstour den Gipfel der Düne erreicht. Einige Chormitglieder erleben hier zum ersten Mal diese einzigartige Landschaft. Der Blick folgt einer Kette unbewaldeter Sandrücken an der schmalen Nehrung entlang. Unter diesen einst gefährlichen Wanderdünen sind im Laufe der Jahrhunderte immer wieder Dörfer begraben worden. Auch Nadja kennt das berühmte Gedicht, das Agnes Miegel dazu verfasst hat: »Die Frauen von Nidden«. Es wurde ins Russische übersetzt. Von ferne hört man die Ostsee brausen, der Wind rüttelt die Bäume an der Seeseite, das Haff liegt dagegen ruhig im Windschatten.

Ein paar Kilometer entfernt ist Nida/Nidden zu erkennen. Es liegt bereits in Litauen. Die Grenze ist mal wieder zum Greifen nah, auch wenn man sie von hier aus nicht sieht. Was mag in den russischen Seelen vorgehen, wenn sie die Enge der »Exklave Kaliningrad« zu spüren bekommen? Nadja drückt es positiv-patriotisch aus: »Ob ich in das große Russland fahren oder dort leben möchte? Eindeutig: nein! Groß-Russland ist für mich fremd. Hier ist meine Heimat. Ich bin in diesem alten gemütlichen Haus geboren. Und ich liebe meine Heimat aus ganzer Seele und sehr stark. Ich habe so ein Gefühl, dass alles um mich herum mir gehört: mein Meer, meine Kurische Nehrung, meine Stadt, alle diese großen und kleinen Straßen und Gassen. Ich möchte für mich kein anderes Glück!«

Der von Nadja gewünschte Brückenschlag zu den früheren Hausbesitzern aus der Woermannstraße 43 ist zwischenzeitlich im Werden. Nachdem Bedenken des Datenschutzes aufkamen, mehrere Alt-Königsberger Archive und Vertriebenenkarteien nicht weiterhelfen konnten, führte die Nachfrage über den Kirchlichen Suchdienst in Stuttgart zur »heißen Spur«. Der Sohn des früheren Besitzers lebt mit seiner Familie in Westfalen und lässt sich gern auf die Überraschung aus Ostpreußen ein. Dass er auf russische Initiative hin sein Elternhaus wiedersehen könnte, hätte er sich wohl nicht träumen lassen.

Nachhaltige Verständigung unter Völkern vollzieht sich eben stärker auf persönlicher Ebene und in kleinen Schritten als in großen Sprüngen auf politischem Parkett.

Begegnungen in der Wartezeit

Wenn die polnisch-russischen Grenzkontrollen günstig ausfallen, kommt der Linienbus aus Deutschland einigermaßen pünktlich zwischen 9 und 10 Uhr morgens an. Seine Endstation ist der Busbahnhof in unmittelbarer Nähe des Königsberger/Kaliningrader Hauptbahnhofs.

Dieser Morgen im April ist nasskalt, und der Himmel hängt grau über der ohnehin schon grauen Stadt. Ich soll drei Gäste aus dem Ruhrgebiet abholen, die zum ersten Mal hierher zu Besuch kommen. Der Linienbus verkehrt mehrmals pro Woche. Mit drei Fahrern im fliegenden Wechsel am Steuer bewältigt er nachts die Polen-Durchquerung ohne jede Fahrtunterbrechung. Die Fahrgäste schwanken dann bei der Ankunft total übermüdet und zerzaust aus dem Bus. Da ist ein freundlicher Empfang schon angebracht!

Der Busbahnhof selbst ist eher abstoßend als einladend. Die große asphaltierte Fläche hat viele Unebenheiten, und das Regenwasser bleibt oft tagelang in großen Pfützen stehen. Übersichtliche Abfahrts- oder Ankunftstafeln sind Mangelware, doch wer hier ständig auf den Bus angewiesen ist, findet ohnehin alles mit traumwandlerischer Sicherheit. Der »deutsche« Bus soll drüben ankommen, wo unter einem Vordach ein kleines Schild »Germania« hängt.

Außer mir stehen noch andere Wartende gelangweilt herum. Eine schrille Frauenstimme aus einem Lautsprecher klingt so unverständlich, dass sogar die russischen Menschen, die mit mir warten, sich rechts und links erkundigen: »Waaas hat sie gesagt?« Einer geht daraufhin in die zentrale Wartehalle, um Genaueres zu erfahren. »Die wissen es auch nicht.« Mehr bringt er nicht mit nach draußen. Wir warten vor uns hin. Die meisten scheinen das Rentenalter erreicht zu haben. Die Menschen hier unter dem kleinen Vordach sind stumpf-verschlossen. Was sie wach hält, ist das Aufpassen auf ihre dicken Taschen rechts und links neben den wenigen schmalen Holzsitzen.

Ich habe den Wagen ziemlich entfernt geparkt, aber noch in Sichtweite am Rande des großen Einfahrthofes. Das Warten dort im Wagen wäre vielleicht angenehmer, zumal ich nun schon seit fast einer Stunde hier ausharre. An diesem

Morgen nehme ich mir vor, nie wieder – wie heute – ohne irgendeine Beschäftigung in einer Warteschleife aushalten zu müssen, sei es Lektüre, Vokabelheft, russische Grammatik, Landkarte, Strickzeug oder Tagebuch. An diesem Morgen aber bin ich zum stumpfen Warten verurteilt und lerne dabei den Wert des reflektierenden Beobachtens neu schätzen.

In den schmalen Sichtfenstern über der Windschutzscheibe ist bei fast jedem einfahrenden Bus der Name »Kaliningrad« zu entziffern. Sobald sich die Türen öffnen, quellen die Menschenmassen heraus. Das Land schüttet seine Bewohner in die Hauptstadt hinein. Wenn es Ausbildungsmöglichkeiten und Arbeitsplätze gibt, dann in erster Linie hier. Die meisten gehen zielstrebig in Richtung Hauptstraße, um sich von dort aus weiter befördern zu lassen. Eine junge Frau in auffallend eleganter Kleidung will rasch den Bahnhofsplatz überqueren und bemerkt zu spät, dass der nächste ankommende Bus gerade neben ihr mit Schwung in eine große Pfütze hineinfährt. Sie wird von Kopf bis Fuß mit der braun-schwarzen Brühe bespritzt. Sie nestelt aus ihrer Handtasche ein Kosmetiktüchlein hervor und wischt sich den Schmutz ab, so gut es geht. Ansonsten scheint sie mit dieser russischen Realität leben zu können. Außer mir interessiert sich offenbar niemand so intensiv für solche banalen Vorgänge des Lebens.

Es fällt mir auf, dass viele einfahrende Busse deutscher oder skandinavischer Bauart sind. Ausrangierte Modelle mit übertünchten Schriftzügen auf den Seitenflächen, wo man noch einige Buchstaben deutscher Städtenamen entziffern kann. Manche Busse fahren mit halboffenen Klappen über den Motoren in die Endstation ein: Die Last der transportierten Menschen und die schlechten Straßenverhältnisse dürften manche Maschine zum Schwitzen bringen. Einer der Busfahrer steigt aus, reckt sich zufrieden, nimmt aus der

Innentür des Wagens eine Bierflasche und setzt sie genüsslich an den Mund. Man redet in Russland von 0,0 Prozent Alkohol am Steuer …

Wenn die Busse zur Rück- oder Weiterfahrt in dem großen Hof wenden müssen, liegt eine dicke blaue Dieselwolke über dem ganzen Platz. Dass die Wartenden unter den Vordächern oft direkt hinter den Auspuffrohren stehen, nimmt man allerseits mit stoischer Gelassenheit hin. Besonders die alten Menschen haben Schlimmeres erlitten und überlebt; die Umweltverschmutzung ist dagegen eins der kleineren Übel. Man kennt es kaum anders – und wenn, dann kann man ja doch nichts ändern …

Ein Polizist kommt an mein Wagenfenster und bedeutet mir, dass ich hier auf keinen Fall parken dürfe. Aber einen anderen Platz in erreichbarer Nähe kann er mir auch nicht nennen.

»Warum nehmen Sie kein Taxi?«

»Weil ich selbst mit diesem Auto Gäste abholen will, und die kommen mit Gepäck!«

Das genügt, ich kann hier stehen bleiben. Vielleicht hat er gemerkt, dass Touristen wichtig sind für die Stadt.

Inzwischen warte ich schon zwei Stunden. Der Bahnhofsvorplatz ist facettenreicher als ich dachte. Man muss nur Zeit und Interesse fürs Detail mitbringen.

Drüben steht überlebensgroß Kalinin auf seinem Sockel. Die Leute sagen, dass der rote Schotter zu seinen Füßen nicht politisch zu deuten sei, sondern dass es die zermahlenen Reste von roten Ziegelsteinen aus der Königsberger Trümmerlandschaft seien. Kalinins starrer Blick ist nach Osten gerichtet, wo er herkommt. Er war das nominelle Staatsoberhaupt zur Zeit Stalins und dessen Vertrauter. 1946 hat man ihm zuliebe die damals rund 700-jährige Stadt Königsberg in Kaliningrad umbenannt. Aber Blumen, wie es am Kant-

Grabmal zu sehen ist, legt hier kaum jemand zu Füßen Kalinins ab. Nun steht er an diesem wichtigen Begegnungspunkt, so lange er sich dort halten kann.

Die vielen Busse, die am Morgen die Pendler aus dem Umland in die Hauptstadt brachten, starten einige Zeit später von hier aus zur Rückfahrt. Ihre Richtungsschilder nennen die Endhaltestellen in den Kaliningrader Vororten, aber auch die wichtigsten Städte des Gebiets wie Sowjetsk (Tilsit), Tschernjachowsk (Insterburg), Gusev (Gumbinnen), Polessk (Labiau) und Prawdinsk (Friedland). Natürlich ohne jede Verbindung zu den deutschen Namen.

Busse sind für die »kleinen Leute« so etwas wie Lebensadern zwischen dem Land und der Stadt, zwischen Armut und Leere einerseits und Reichtum und Fülle andererseits. Das Land darbt, die Stadt »boomt«. Nicht umsonst sind die meisten Tragetaschen der Fahrgäste prall gefüllt, wenn sie in ihre Dörfer zurückfahren. Der große Zentralmarkt bietet alles, was man sich wünscht, aber oft nicht bezahlen kann: von der Spezialschraube bis zum Brautkleid, von Fisch bis zu Polstermöbeln. Aus der Tasche einer Frau quillt ein üppiger Strauß künstlicher roter Rosen. Da ist ein alter Mann mit einem Kinderwagen unterwegs, in dem er drei ineinandergeschachtelte Plastikwannen und einen Teppich transportiert. Der Busfahrer schimpft, dass er so eine Ladung gar nicht mitnehmen dürfe. »Aber Mütter mit Kinderwagen dürfen doch auch mitfahren, oder?« Er darf es dann auch.

Nach fast dreieinhalb Stunden Wartezeit kommt Bewegung auf unter dem Schild »Germania«. Der hohe weiße Bus aus Deutschland mit dem Schriftzug »Sputnik« biegt um die Ecke.

»Einer der Fahrgäste hatte Probleme mit seinem zu »jugendlichen« Foto im Reisepass, obwohl er schon Rentner ist! Deshalb hat es an der Grenze so lange gedauert!« Der erste Aussteigende erklärt es gleich laut für alle.

Viele Reisende fallen erschöpft in die Arme der Wartenden. Die Sonne ist inzwischen zögernd zum Vorschein gekommen, als wolle sie sich beteiligen am »Dobrij poschalowatj! Herzlich willkommen in Kaliningrad!«

Ist das die Endstation?

Herbst 1941: Im Hauptbahnhof Königsberg steht der Zug nach Berlin abfahrbereit. Die meisten Reisenden haben die Abteilfenster heruntergelassen, tauschen letzte Grüße und Abschiedsworte aus. Auf dem Bahnsteig steht meine Patentante. Sie hält mich, gerade 2 Jahre alt, auf dem Arm und drückt mich fest an sich. Meine Mutter drinnen am offenen Zugfenster verfolgt diese Liebkosung mit Spannung und Rührung. Da ertönt der schrille Abpfiff des Stationsvorstehers, der Zug setzt sich unverzüglich in Bewegung.

»Schnell, Lina, gib mir das Kind!«, ertönt ein Schrei aus dem Abteil. Meine Tante reicht mich im Schnellverfahren durchs Fenster in die Arme meiner Mutter.

Der abwinkende Bahnbeamte ist aufgebracht und rügt die zurückgebliebene Frau: »Na, das hätte bei dem anfahrenden Zug aber auch schiefgehen können!«

Mit dieser Episode endet meine eigene kurze Königsberger Zeit. Erst 54 Jahre später bin ich wieder auf diesem Bahnhof angekommen. Meine Familie hatte keine ausgeprägten Wurzeln in dieser Stadt und keine Bindungen an eine »ostpreußische Scholle«. Meine Eltern waren als junge Leute in den 30er-Jahren aus dem Rheinland nach Ostpreußen gezogen. Das Studium an der Albertina-Universität sowie berufliche Möglichkeiten beim Rundfunk hatten den Ausschlag gegeben. Meine damals noch unverheiratete Tante

Ankunft auf dem Bahnhofsvorplatz von Kaliningrad

Lina, eine Schwester meines Vaters, hatte sich mit ihnen nach Königsberg locken lassen. Doch der Krieg ab 1939 zerschlug dann sofort den Start in eine wissenschaftliche Berufskarriere meines Vaters, der gerade mit Erfolg seine Promotion zum Dr. phil. abgeschlossen hatte.

Als im Juni 1941 der Krieg auch gegen Russland begann, waren es die familiären Bindungen, die meine Eltern bewegten, wenigstens mich bei der westfälischen Verwandtschaft in Sicherheit zu bringen. Wir haben nicht überstürzt flüchten müssen, keine Todesmärsche, keine Katastrophen von Kälte und Hunger durchgemacht, wir alle haben die Kriegswirren von Gefangenschaft und Flüchtlingsdasein überlebt, Gott sei es gedankt. Mein Vater verunglückte 1952 tödlich in seinem westfälischen Heimatort, als er im ehrenamtlichen Dienst für die vertriebenen Deutschen (BvD) unterwegs war.

»Du wirst Königsberg nicht mehr wiedersehen«, hatte meine Mutter mir prophezeit und selbst auch nicht mehr erlebt, dass sich der Eiserne Vorhang wider Erwarten öffnete. Sie sagte es in Erinnerung an ihre eigenen unwiederbringlichen und schönen Erlebnisse, aber ohne Bitterkeit.

* * *

»Du wirst Königsberg nicht mehr wieder sehen!« So hatte sie gesagt.

Beim ersten Wiedereintreffen auf diesem Bahnhof nach 54 Jahren im Sommer 1995 wird mir fast schwindlig, so verwirrt sind meine Gefühle. Ich sehe drüben den imaginären Zug von damals mit dem offenen Abteilfenster, durch das sie mich hindurchreichten. Jetzt schwirren ringsherum russische Wörter. Auf den ausgetretenen Stufen zur Unterführung müssen damals bei Kriegsende unzählige Menschen gelegen haben, die hier todmüde und verzweifelt auf die letzte Chance zum Abtransport nach Westen warteten. In den Folgejahren wurde es auf diesem Bahnhof ziemlich still, wie in der Ruhe nach einem verheerenden Sturm. Es war der Bahnhof inmitten eines Sperrgebietes.

»Der Zug endet hier!« Die heutige Lautsprecherdurchsage hat für die meisten Menschen, die in Ostpreußen ihre Wurzeln haben, eine noch wesentlich tiefere Bedeutung als für mich. Sie verbinden damit schmerzliche Erinnerungen an eigene und fremde Schicksale, denn die Jahre 1945–1949 brachten für das nördliche Ostpreußen eine dramatische Bevölkerungsverschiebung. Während die letzten dagebliebenen Deutschen als Fremde in der Heimat verzweifelt ums Überleben kämpften, kamen ständig neue russische Übersiedler in das Gebiet. Viele wurden zum Militärdienst der Roten Armee zwangsverpflichtet oder zum Aufbau einer sowjetischen Infrastruktur in das zerschlagene Land geschickt. Nicht wenige sehnten sich zurück in die Weite und Stille ihrer russischen Heimat. Kaum zu ermessen, wie viele »Züge« hier endeten – zerbrochene Hoffnungen auf Arbeit und Brot, auf ein Wiedersehen mit Angehörigen, auf Flucht aus diesem Inferno voller Krankheit und Tod. Für viele Menschen ist Königsberg/Kaliningrad die Endstation ihres Lebens unter Trümmern geworden.

»Du wirst Königsberg nicht mehr wieder sehen.« Meine Mutter hatte recht: Ich habe das alte Königsberg nicht wiedergesehen, aber das postsowjetische Kaliningrad genauer kennen gelernt.

Aus Trümmern ist zu allen Zeiten wieder neues Leben gewachsen. Es braucht jedoch seine Zeit, erst recht unter so ungünstigen Startbedingungen wie hier in den Jahren von 1946 bis zum Zerfall der UdSSR. In den Ruinen dieser doppelbödigen Stadt wird seit der Wende intensiv gegraben, denn das Bewusstsein für das Gewesene ist wach und stark geworden. Menschen finden die Scherben einer zerstörten Welt, sie sammeln und sortieren, suchen nach den Zusammenhängen von damals. Im Friedländer Tor ist ein kleines Museum mit Fundstücken aus deutscher Zeit entstanden, die woanders achtlos zum Müll geworfen werden, wie etwa alte Blechschilder und Kronenkorken mit deutscher Beschriftung, Scherben mit Porzellanmalerei, ein schmiedeeisernes Scharnier.

Ein junger russischer Philosoph will (mit deutscher Finanzhilfe) an der Kant-Universität die legendäre »Bibliotheca Albertina« wieder aufbauen und hat schon zentnerweise Königsberger Bücherschätze aufgespürt. Für »kulturelle Begegnungen« sind die Visavorschriften erleichtert worden. Wer gräbt, zieht neugierige Blicke auf sich. Das nicht mehr vorhandene Schloss nahm eine Fläche von zehn Fußballfeldern ein: Was mag sich da in der Tiefe verbergen? Die Ausgrabungen unter der früheren Schlosskirche kommen gut voran, sind beschildert und dem Publikum zugänglich. Überall suchen sie nach Königsberg.

Gleichzeitig ist auf dem jetzigen »Platz des Sieges« eine 28 Meter hohe Triumphsäule aus rotem Marmor aufgerichtet worden, die an die »Heldentaten des sowjetischen Volkes im Großen Vaterländischen Krieg« erinnern soll. Und gleich im Hintergrund erhebt sich stolz die neue russisch-orthodoxe Kathedrale, nach der Moskauer Hauptkirche ist sie die zweitgrößte in Russland. Dieses neue Zentrum der Stadt sagt unmissverständlich, dass man hier nicht mehr in Königsberg ist, sondern in Kaliningrad, der westlichsten Stadt Russlands. An den Bahnhöfen wird das täglich spürbar: Alle Züge verkehren nicht mehr nach lokaler, sondern nach Moskauer Zeit!

Ich kehre zurück zum Juschnij Woksal (Südbahnhof), den ich aus meinem Leben nicht mehr wegdenken kann. Er steht symbolisch für Abschied und Ankunft, für Leben und Begegnung in diesem Land. In Bahnhöfen ist der Puls des Lebens besonders spürbar.

»Zuerst bombardieren sie absichtlich die Bahnhöfe«, sagte eine Frau aus ihrem Erleben zerstörter Städte heraus, »und dann bauen sie als erstes gerade die Bahnhöfe schnell wieder auf! Warum töten sie eigentlich solche und andere Lebensnerven – wenn sie doch direkt nach den Kämpfen sofort alles wieder brauchen?«

Kaliningrad hat den Königsberger Bahnhof nach Kriegsende sofort wieder funktionsfähig gemacht, Zug um Zug. Immer nur nach Osten ausgerichtet und auf russischer Breitspur. Ein einziges Gleis allerdings behielt aus militärischen Gründen immer die europäische Schmalspur: Moskau wollte im Ernstfall seine Truppen schnell nach Westen befördern können. Erst seit Ende der 90er-Jahre dient das Gleis wieder dem normalen Leben mit Zügen zwischen Berlin und Kaliningrad, wenn auch nur mit wenigen Kurswagen. Zwischendurch standen sie etliche Jahre still, als »unwirtschaftlich« abgetan auf dem Abstellgleis, weil sich die drei durchfahrenen Länder nicht über Kosten, Personal, Kontrollen und technische Verantwortung einigen konnten. Nicht zuletzt durch große Unterschriftenaktionen und Protestschreiben an die Verantwortlichen der Eisenbahngesellschaften in Deutschland, Polen und Kaliningrad wurden die Züge wieder ins Rollen gebracht.

Heute sind am Gleis 6 wieder deutsche Gäste abzuholen, die diese Stadt kennen lernen möchten. Während ich wartend den langen Bahnsteig entlanglaufe, fällt mir auf, wie von unsichtbarer Hand ein Zittern durch die abzweigenden Schienen geht und sich die eisernen Stränge geringfügig verschieben. Weichenstellung. Ein Stellwerk kann ich von hier aus überhaupt nicht sehen, aber ich weiß, dass es im Eisenbahnwesen für Ordnung und Orientierung im scheinbaren Gewirr der Züge auf ihren Schienen sorgt.

Das Bild vom Stellwerk lässt mich nicht los: Wer stellt die Weichen zu den »Lebensabschnitten« und Begegnungen von Menschen? Niemand kann sich souverän den eigenen Weg festlegen. Ohne die »Leitzentrale« Gottes, der das »Gleisbild« seiner Menschen übersieht, wäre längst das Chaos eingetreten. Trotzdem lässt der Schöpfer seinen Menschen Freiheit, ihre »Fahrt« individuell zu planen. Der gleich ankommende Zug muss der soeben vorgegebenen Weichenstellung folgen, aber die mitfahrenden Menschen können noch wählen, wem sie begegnen oder ausweichen wollen.

Während dann die einen mit ihren Wünschen und Anliegen aus- oder umsteigen und »zum Zuge kommen«, irren andere suchend herum nach weiteren Verbindungen. Es gibt auch Menschen, die am falschen Gleis warten und dann den richtigen Anschluss verpassen. Aber Gott leitet das Ganze, auch wenn es oft nicht zu sehen und zu verstehen ist. Er will sogar bei der Korrektur helfen, wenn Menschen auf ein falsches Gleis geraten sind und allein nicht mehr zurechtkommen können. Das macht mich froh und gelassen angesichts der vielen Begegnungen mit Menschen hier und ihren oft so »verrückten«, ausgefallenen oder verfahrenen Lebensläufen.

Der Zug kriecht jetzt in die Bahnhofshalle zu seinem vorgesehenen Platz. »Der Zug endet hier!«, ruft wieder die Stimme im Lautsprecher. Diese wenigen Worte bewegen mich immer noch. Nein, die Stadt Kaliningrad mit dem darunterliegenden Königsberg ist keine Endstation, sondern eher wieder eine normale Station, vielleicht auch ein großer »Verschiebebahnhof«. Das Kaliningrader Gebiet ist zum Treffpunkt für Menschen aus fast 100 Nationalitäten geworden und sollte ihnen auf Dauer so viel Sicherheit und Geborgenheit bieten, dass sie in guter Verknüpfung von Geschichte, Kulturen, Religionen und gesunden wirtschaftlichen Interessen hier leben können. Dem geschundenen Fleck Erde Königsberg/Kaliningrad wünsche ich, dass er in der Zukunft zu einem besonderen Ort des Friedens und der internationalen Verständigung werden möge. Eine streng eingekapselte Exklave Russlands, umschlossen von EU-Ländern, kann das Kaliningrader Gebiet auf Dauer nicht bleiben. Dieser Zug ist hoffentlich noch nicht abgefahren.

Zur Arbeit der Ev.-luth. Kirche im Gebiet Königsberg/Kaliningrad

Probst i.R. Erhard Wolfram, Hannover

Mit dem Ende des 2. Weltkrieges schien 1945 auch die reiche Kirchengeschichte in Ostpreußen zu Ende zu sein, spätestens aber, als bis 1948/49 die letzten Deutschen aus dem nördlichen Ostpreußen geflüchtet oder vertrieben worden waren. Das Gebiet wurde russisch.

1. Die Kirchen in der Sowjetzeit

Die UdSSR wollte die Kirchen und den Glauben beseitigen. »Christlicher Glaube ist Opium für das Volk«, so Lenin. Viele Pastoren und Prediger wurden verhaftet, in Arbeitslager verschickt, nicht wenige starben durch Hunger und Krankheit oder wurden ermordet. Doch im Lauf der Jahre versuchten einige westliche Missionen und manche einzelne Christen den bedrängten Glaubensschwestern und -brüdern beizustehen. Unter großen Gefahren wurden Bibeln, Gesangbücher, andere christliche Literatur, Lebensmittel und Hilfsgüter in den Ostblock geschafft.

In den 70er-Jahren erschien unter anderem ein Buch mit dem Titel: »Vergib mir, Natascha«. Der Verfasser berichtet in ergreifender Weise aus der Verfolgungszeit: Juri, ein sportlicher junger Mann ist »Natschalnik« (Chef) einer Schlägertruppe, die auf das Aufspüren von Untergrund-Gemeinden angesetzt wird. Mehrfach trifft die Gruppe bei ihren Überfällen auf ein junges Mädchen namens Natascha. Trotz harter Schläge und trotz verwüsteter Wohnräume hält sich diese junge Frau treu zu ihrer Gemeinde. Solcher Mut und die große Leidensbereitschaft lässt Juri nach dem Glauben dieser Christen fragen. Schließlich wird der Christenverfolger selber Christ. Unter Lebensgefahr kann er ins Ausland fliehen, doch die Häscher bleiben ihm auf den Fersen.

Dieses und andere Bücher weckten bei mir eine Liebe zu den verfolgten Christen in Russland. Ich ahnte nicht, dass ich später intensiven Kontakt zu russischen Gemeinden bekommen und fast vier Jahre im Königsberger Gebiet/Oblast Kaliningrad in besonderer Verantwortung für die evangelisch-lutherischen Gemeinden stehen würde.

2. Russlanddeutsche kommen ins Kaliningrader Gebiet

Unter Lenin und Stalin wurden von der Wolga und aus dem Schwarzmeer-Bereich viele Russlanddeutsche in die Weiten Sibiriens verschleppt. Die russische Sprache wurde Pflicht. Viele mussten unter unsäglichen Bedingungen in der »Trudarmee« (in Arbeitslagern) schuften. Es gab meist nur dünne Suppen und ein bisschen Brot. In armseligen Baracken waren die Menschen als Gefangene zusammengepfercht. Krankheiten und Unterernährung rafften viele dahin. Erst ab 1955 durften die Russlanddeutschen die Lager verlassen. Viele zogen in die südlichen Republiken der Sowjetunion, die meisten nach Kasachstan.

Mit dem Zusammenbruch der UdSSR im Jahre 1991 entwickelten sich etliche ehemalige Sowjetrepubliken zu selbstständigen Staaten: Nach Litauen, Lettland und Estland folgten auch Kasachstan, Kirgisien, Usbekistan, Moldavien, Aserbeidschan und andere. Als eigenständige Staaten entwickelten sie ein starkes Nationalbewusstsein. Russlanddeutsche und Russen galten jetzt als Fremde, die mancherlei

Nachteile hinnehmen mussten. Viele verließen daraufhin das Land. Viele Russlanddeutsche zogen nach Deutschland, andere in den Bereich Kaliningrad, weil sie hier wie vorher russisch sprechen und in Kolchosen arbeiten konnten. Manche sahen in diesem Gebiet die Chance, endlich die Ausreisegenehmigung nach Deutschland zu bekommen. Die meisten Russlanddeutschen waren evangelisch-lutherisch, etliche katholisch, einige gehörten zu den Baptisten oder kamen aus der Tradition der Mennoniten.

Mit dem Zusammenbruch der UdSSR gab es 1991 gesetzlich weitgehend Meinungs- und auch Glaubensfreiheit. Die Kirchen durften offiziell wieder tätig werden. Als einige Tausend Russlanddeutsche ins Kaliningrader Gebiet kamen, sah sich auch die Evangelische Kirche in Deutschland (EKD) aus der langen evangelisch-lutherischen Geschichte Ostpreußens den Menschen in diesem Bereich besonders verpflichtet; immerhin wurde 1525 in Königsberg die erste evangelisch-lutherische Landeskirche der Welt gegründet.

3. Evangelisch-lutherische Gemeinden entstehen im Bereich Kaliningrad

Als erster Pfarrer wurde schon 1991 Kurt Beyer aus Dresden nach Kaliningrad entsandt. Rasch entstanden im ganzen Land eine Reihe evangelischer Gemeinden. In Privatwohnungen, Schulen, Kulturhäusern und kleinen Geschäften kamen Menschen zum Gottesdienst zusammen. Es ging einfach und bescheiden zu. Doch die meisten waren offen für Gottes Wort, für Lieder, Gebete, Sakramente und die christliche Gemeinschaft. Besonders dankbar waren arme Menschen für gebrauchte Kleider und Schuhe oder andere kleine Hilfen in ihrem harten Überlebenskampf. Trotz der einfachen Verhältnisse in den neunziger Jahren erlebten viele diese Zeit wie ein Stück Urgemeinde.

Kurt Beyer wurde bei der wachsenden Zahl der Gemeinden bald zum ev.-luth. Propst ernannt. Als er 1996 in den Ruhestand ging, folgte ihm im Amt Peter Wittenburg aus Rostock. Während seiner Zeit wurde die neue Auferstehungskirche in Kaliningrad gebaut. Von November 1998 bis Februar 1999 übernahm zum Übergang Dekan Claus Burmeister aus Kerzenheim diese Aufgabe. Ihm folgte im Amt des Propstes Erhard Wolfram aus Sulingen. Seit September 2002 ist Heye Osterwald als ev.-luth. Propst für die ca. 45 Gemeinden im Gebiet Kaliningrad verantwortlich. Vorher war er 6 Jahre in Gussew/Gumbinnen als Pastor tätig und kannte deshalb gut die dortigen Verhältnisse. Unter den hauptamtlichen diensttuenden Pastoren im Kaliningrader Gebiet ist er inzwischen der einzige Deutsche. Fünf weitere Pastoren und zwei Pastorinnen arbeiten jetzt dort. Alle sprechen Russisch als Muttersprache und wurden in Russland ausgebildet. Dazu gibt es noch weitere haupt- und ehrenamtliche Mitarbeiter in der Kinder- und Jugendarbeit, sowie in der Verwaltung und Diakonie.

Viele Pastoren und treue Helfer aus Deutschland haben die schwierige Phase der Aufbauarbeit unterstützt und mitgetragen. Manche Pfarrer übernahmen Urlaubsvertretungen, einige Ruheständler halfen sogar einige Jahre lang mit. Aus vielen Orten und Gemeinden in Deutschland kamen umfangreiche Hilfssendungen. Manche stillen Helfer haben wochenlang dafür gesammelt, sortiert und gepackt. Viele haben Geld, Kleider und Haushaltswaren gespendet. Nicht zu vergessen zahlreiche Firmen und Organisationen, die Lkws, Fahrer und Waren zur Verfügung stellten! Einen besonderen Einsatz leisteten auch die Transporteure mit langen Wartezeiten an den Grenzen, Zollkontrollen und Ladelisten. Ohne die vielen tapferen Helfer wären viele Menschen im Kaliningrader Gebiet in ihrer Not allein geblieben.

Erfreulich ist, dass inzwischen die meisten russischen Gemeinden Partnerschaften mit deutschen Gemeinden haben. – Allen Spendern, Helfern, Mitarbeitern, Pastoren und Verantwortlichen in Betrieben, Verwaltungen und Kirchen sei an dieser Stelle noch einmal herzlich gedankt!

4. Wort und Tat gehören zusammen

Schon die Urgemeinde hat begriffen, dass die Predigt durch praktische Nächstenliebe ergänzt werden muss (Apg. 6,1-7). Auch im Laufe der Kirchengeschichte ist immer wieder deutlich geworden: Wo Menschen wirklich die rettende Liebe Gottes verstanden haben, gehört für sie die Verkündigung der frohen Botschaft und die helfende Tat zusammen. Was ist ein gutes Essen, wenn die Seele hungert? Was ist eine gute Predigt, wenn der Hunger quält? Zeichenhaft soll darum tätige Liebe neben der »humanitären Hilfe« (Kleiderausgabe und besondere Nothilfe) deutlich werden im Kaliningrader Straßenkinder-Projekt »Jablonka« (Apfelbäumchen), in der Diakonie-Station (häusliche Krankenpflege) sowie der Kinderspeisung in Gussew/Gumbinnen, im Kinderheim in Slawsk/Heinrichswalde, durch Kinderfreizeiten in Bolschaja Poljana/Paterswalde und mit dem neuen Altenheim »Carl-Blum-Haus« in Sadoroschje bei Osersk/Angerapp.

5. Kontakt zu anderen Kirchen und Gemeinden

Der hochbegabte Begründer der Evangelistenschule Johanneum in Wuppertal, Prof. D. Theodor Christlieb, stellte sich gelegentlich so vor: »Mein Name ist Christlieb; Christus lieb haben ist besser denn alles Wissen.« In der Tat: Echte Liebe zu Christus öffnet den Blick für andere Schwestern und Brüder, die Jesus nachfolgen. Da fallen die aufgerichteten Zäune und Schranken zwischen Kirchen und Konfessionen oder werden zumindest niedriger. Lehrunterschiede werden deshalb nicht gleich aufgehoben, aber sie verlieren ihre trennende und abgrenzende Wirkung. Wo Christus die entscheidende Mitte für Glauben und Leben wird, geht es nicht mehr um ängstliche Verteidigung der eigenen Institution oder ein Verurteilen anderer Überzeugungen, sondern um das Verstehenwollen auch anderer Glaubenserkenntnisse. Bei allem Ringen um die biblische Wahrheit sollte darum die Liebe Christi Begegnungen und Gespräche bestimmen.

Im Bereich Kaliningrad sind zwischen Kirchen und Freikirchen bereits gute Kontakte entstanden. Bei den Menschen, die die Kirchen aufsuchen, zeigen sich die gleichen Fragen und Sorgen. Doch die Kontakte zwischen der russisch-orthodoxen und der evangelisch-lutherischen Kirche sind noch schwierig, weil sich die erstere als die allein rechtgläubige Kirche versteht. Während es auf der zwischenmenschlichen Ebene durchaus herzlich und verständnisvoll zugeht, sind die offiziellen kirchlichen Auffassungen noch weit auseinander. Dagegen gibt es zwischen der römisch-katholischen und der evangelisch-lutherischen Kirche sowie den Baptisten mancherlei freundschaftliche Verbindungen.

Viele Russlanddeutsche sind mit Russen oder Russinnen verheiratet. Russen gehören heute von ihrer Tradition und Identität meist der russisch-orthodoxen Kirche an, während die Russlanddeutschen überwiegend evangelisch-lutherisch sind. Damit gibt es in vielen Familien zwei Konfessionen. Das kann zu Spannungen, aber auch zu mehr Verständnis für die Inhalte der anderen Konfession führen. Möge in Zukunft die Liebe Christi noch mehr die verbindende Mitte zwischen den Kirchen und ihren Gliedern werden.

6. Wie kann man die Aufbauarbeit in Ostpreußen unterstützen?

Als Vorsitzender der »Gemeinschaft evangelischer Ostpreußen e.V.« liegt mir in besonderer Weise das reiche evangelische Erbe Ostpreußens am Herzen. Es gab eine bedeutende theologische Fakultät in Königsberg, große Diakonissen-Mutterhäuser sowie zahlreiche landeskirchliche und freikirchliche Predigtstellen in Ostpreußen. Bedeutende Theologen wie Martin Noth, Julius Schniewind, Hans Joachim Iwand oder Dietrich Bonhoeffer haben vor und während des Krieges junge Theologen entscheidend geprägt und die Gemeinden im Kirchenkampf des »Dritten Reiches« begleitet. Das sollte nicht vergessen werden. Wichtig ist mir aber auch, dass die Menschen, die heute im früheren Ostpreußen leben, die gute Nachricht erfahren: Wir alle sind von Gott geliebt. Jesus Christus ist gekommen zu suchen und zu retten, was verloren ist (Joh. 3,16; Luk. 19,10).

Konten

Gemeinschaft ev. Ostpreußen e.V., Konto 701 bei der Ev. Kreditgenossenschaft, Kassel, BLZ 520 604 10

Gustav-Adolf-Werk (Vermerk »Frauenarbeit«), Konto 600 555 bei der Ev. Kreditkasse, Hannover, BLZ 250 607 01

Zum Weiterlesen

1. Allgemeines (Vorkriegszeit und bis 1945)

Stamm, Hans-Ulrich: Schicksal in sieben Jahrhunderten. Aus der leidvollen Geschichte Ostpreußens. Staats- und wirtschaftspolitische Gesellschaft e.V. Hamburg

Bachtin, Anatolij u. Doliesen, Gerhard : Vergessene Kultur – Kirchen in Nord-Ostpreußen. Eine Dokumentation, Husum 2000

Gause, Fritz: Königsberg in Preußen. Die Geschichte einer europäischen Stadt. Gräfe & Unzer, München

Straub, Eberhard: Eine kleine Geschichte Preußens. Berliner Taschenbuch Verlag 2002

Tautorat, Hans-Georg: Königsberg in Preußen. Geschichte, Kultur, Schicksal. Schöning-Verlag Hamburg 1987

Handbuch der historischen Stätten, Ost- und Westpreußen. hrsg. v. Dr. Erich Weise, Kröner Verlag Stuttgart

Reisebücher von Anno dazumal. Königsberg/Pr. Reprint von 1928, 1938 und 1942, Rautenberg Verlag

Peyinghaus, Marianne: Stille Jahre in Gertlauken, Siedler Verlag

Lachauer Ulla: Paradiesstraße. Lebenserinnerungen der ostpreußischen Bäuerin Lena Grigoleit, Wunderlich Taschenbuch

Bergau, Martin: Der Junge von der Bernsteinküste. Universitätsverlag C. Winter, Heidelberg

Völklein, Ulrich: »Mitleid war von niemand zu erwarten«- Das Schicksal der deutschen Vertriebenen. Droemer Verlag 2005

Manthey, Jürgen: Königsberg. Geschichte einer Weltbürgerrepublik. Carl Hanser Verlag München Wien 2005

Kossert, Andreas: Ostpreußen. Geschichte und Mythos. Siedler Verlag München 2005

2. Über die Jahre 1945–1948

Herrmann-Schlicht, Helma: Eine Mutter und sieben Kinder, Selbstverlag Dortmund
Linck, Hugo: Königsberg 1945–1948, Verlag Rautenberg
Kibelka, Ruth: Ostpreußens Schicksalsjahre 1944–1948
Lehndorff, Hans Graf v.: Ostpreußisches Tagebuch. dtv München
Luschnat, Gerhild: Die Lage der Deutschen im Königsberger Gebiet 1945–1948. Europäische Hochschulschriften Bd. 686, Peter Lang GmbH, Frankfurt/M. 1998
Morgenstern, Erika: Überleben war schwerer als sterben. Ostpreußen 1944–1948, Herbig 2004
Wieck, Michael: Zeugnis vom Untergang Königsbergs. Ein »Geltungsjude« berichtet. Universitätsverlag C. Winter Heidelberg
Otto Lasch: So fiel Königsberg. (Bericht des letzten Festungs-Kommandanten) Preußischer Mediendienst Hamburg Parkallee

3. Über die »geschlossene« Zeit 1948–1990

Astrid v. Menges (Hrsg.): Orangen für Königsberg. Die dagebliebene Elvira Syroka erzählt. Books on demand, Norderstedt 2005

4. Seit der Wende

Bednarz, Klaus: Fernes nahes Land – Begegnungen in Ostpreußen, Heyne-Verlag München

Breede, Harald: Königsberg – Verzeih'! Erzählungen Eigenverlag, Eutin 2005

Lachauer, Ulla: Die Brücke von Tilsit. Begegnungen mit Preußens Osten und Russlands Westen. Rowohlt Taschenbuch Verlag

Babuschkas Enkelinnen brechen auf. Glaubenswege von Frauen in der Ev.-luth. Kirche in Russland und anderen Staaten. Portraits und Berichte. Hrsg. von der AG der Frauenarbeit im Gustav-Adolf-Werk, Leipzig 2000

Wolfram, Luise: Störche kennen keine Grenzen. Erlebnisse in Königsberg-Kaliningrad und im nördlichen Ostpreußen. Brunnen Verlag Gießen 2005

5. Aus russischer Sicht

Iwanow, Juri Nikolajewitsch: Von Kaliningrad nach Königsberg. Auf der Suche nach verlorenen Schätzen. Rautenberg Verlag

Sujewa, Apollinaria: Königsberg-Kaliningrad. Sprich doch mit mir, du meine Stadt. Eine lyrische Biografie. Geest-Verlag Ahlhorn

Als Russe in Ostpreußen. Hrsg. von Eckhard Matthes, ISBN 3-930717-58-1

Gennadij Juschkevitsch: Preußen sehen … und sterben. Verlag der Kaliningradskaja Prawda, Kaliningrad 2005

Beljaewa, A.: Blick in die Vergangenheit der Kurischen Nehrung (zweisprachig dt.-russ.) Kaliningrad 2004

6. Zeitschriften, bes. mit Aufsätzen zur aktuellen Zeitgeschichte

»Der Bote« (russ. »Westnik«) (4x/Jahr) : Zeitschrift der Ev.-luth. Kirche in Russland, der Ukraine, Kasachstan und Mittelasien. St.Petersburg/bote@elkras.org

»Königsberger Express« – monatliche Nachrichten aus Kaliningrad. Rautenberg Media & Print Verlag KG, Troisdorf. www.koenigsberger-express.com/express@kanet.ru

»Königsberger Bürgerbrief« (2x/Jahr) : Hrsg. Stadtgemeinschaft Königsberg in der Landsmannschaft Ostpreußen e.V., www.stadtgemeinschaft-koenigsberg.de/ geschaeftsstelle@stadtgemeinschaft-koenigsberg.de

»GeO-Rundbrief« (4x/Jahr) : Hrsg. Gemeinschaft ev. Ostpreußen e.V., www.Gemeinschaft-ev-ostpreussen.de

»Gelebte Versöhnung zwischen Deutschen und Russen im Oblast Kaliningrad (früher Königsberger Gebiet)« – (Dokumentation von Hilfsmaßnahmen) hrsg. Von Agitas Circle e.V. in Erkrath/Deutschland 2005; Konzeption und Redaktion: Dr. Dietrich Rohde, rohded@t-online.de

Luise Wolfram

Störche kennen keine Grenzen

Erlebnisse in Königsberg-Kaliningrad und im nördlichen Ostpreußen

240 Seiten, Kartoniert,
ISBN 978-3-7655-3834-6

Fremd und vertraut zugleich, grau und doch liebenswert: Königsberg ist verschüttet unter Kaliningrad und doch noch spürbar. Eine Stadt auf doppeltem Boden.

Gut vier Jahre hat Luise Wolfram zusammen mit ihrem Mann in der traditionsreichen Stadt Königsberg-Kaliningrad gewohnt und das Leben der Menschen geteilt. Es ist nicht leicht, sich in dieser Stadt heimisch zu fühlen, sagt sie ganz offen.

In vielen persönlichen Begegnungen und kleinen Beobachtungen lässt Luise Wolfram uns teilhaben am Leben der Menschen im nördlichen Ostpreußen. An ihrem Alltag, in dem Not erfinderisch macht und Improvisation über alles geht.

BRUNNEN VERLAG GIESSEN
www.brunnen-verlag.de

Ursula Koch

Elisabeth von Thüringen

Die Kraft der Liebe

240 Seiten, Gebunden,
ISBN 978-3-7655-1859-1

Die junge Landgräfin Elisabeth wird bei Hofe mit Argwohn beobachtet. Denn sie passt sich so gar nicht den Sitten und Gebräuchen des Adels an: Sie setzt sich für Arme und Schwache ein, sie verkauft ihre Kleider und ihren Schmuck, um Not zu lindern, sie pflegt Kranke … Elisabeth wurde nur 24 Jahre alt, doch ihr Leben ist beispielhaft bis in die heutige Zeit.

Steffen Kern

Mehr als Millionen

Sabine Ball: Millionärin – Hippie – Mutter Teresa von Dresden

208 Seiten, Gebunden,
ISBN 978-3-7655-1812-6

Sie war steinreich und bettelarm. Sie unterhielt sich mit Richard Nixon und tanzte mit dem Schah von Persien. Sie wohnte in Villen, aber auch in Baracken, Scheunen und in einem Kloster am Rande des Himalaja: Sabine Ball.

Eine tiefe Sehnsucht trieb sie um die Welt. Sie nannte Miami und Santa Barbara ihr Zuhause, Istanbul und Karatschi, San Francisco und New York – und nach langen Jahren wieder Dresden. Sie suchte das große Glück – und fand mehr als Millionen.